難読
苗字辞典

新藤正則

湘南社

この辞典の見方

初字画数：【３画】

この頁の初字：千　小

苗字（漢字）：**小鳥遊**

読み（多い順）：タカナシ

推定人口：四〇人

発祥・由来：鷹が居ないと小鳥が遊べるから

特に多い地域他：和歌山県東牟婁郡那智勝浦町

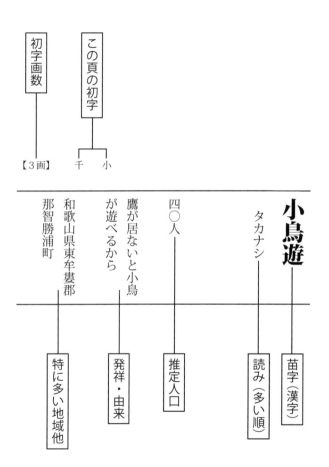

まえがき

　サラリーマン時代に興味を持った苗字の集積を、古希の記念に『苗字辞典』として出版してから六年が経過した。この間に読者からのお問い合わせや講演会の出席者の中にも読み難い苗字の方々がおられた。さらに、地方から都心へと人の流動が多くなり、以前にも増してテレビや新聞等でも珍しい苗字を目にすることが増えてきた。今般、湘南社の田中康俊編集長から、『難読苗字辞典』の御提案があり、集めていた資料を基に出版させて頂くことにした。

　長谷川、五十嵐、服部、足利、春日、東海林等の苗字も難読苗字に入るかもしれないが、広く知られている難読的な苗字は、この中には入れていない。

　読み方は難読ではあるが、通常の苗字と同様に地名由来の苗字が一番多いようである。したがって、世間一般では難読であるが、苗字発祥の地では当たり前の如くに読まれている可能性もあると思われる。

何故そのような読み方になったのかまでは調べ終わっていないが、これは次の課題としたいと考えている。

読み方についても、山崎を「ヤマザキ」と読むか「ヤマサキ」と読むかと同様に、濁音と清音については区別をしていないが、読み方が複数ある場合は、複数個の読みを示した。さらに、可能な限り、その苗字の発祥由来を記した。そして、推定人口、その苗字が多い地域等も記した。難読苗字の多くが地域性の高い苗字であることも御理解していただけるかと思う。旅行等でお出かけになるときにも参考にしていただければ幸いである。

二〇一七年八月　筆者

目次

画数索引

ページ

日本の苗字

1　日本の苗字の歴史

(1)古代の個人名・地名・姓

①個人名：人が集団で暮らす為には、お互いに分かり合える何らかの「呼称＝名」が必要である。古代の「名」としては、次に示す様に動植物名、体つき、性格等から付けられた呼称が多かった。

「名」の例：入鹿、国人、魚成、猪手、黒虫、蟻虫、魚女、絹女、福草、茅草、松子、大眼、長人、強頸、与呂志、須奈保等。

②地名：集団生活をする為には、仲間の間でお互いに分かり合える場所の特定が必要になってくる。「山の麓」→「山本」、「川の上流」→「川上」等これが地名の始まりである。

③集団毎の識別＝名字：集団の数が増えてくると、集団毎の識別が必要になる。この集団の識別名として地名が用いられ、それが名字へと変わっていった。現在の名字の八〇％以上が地名由来となっている所以である。

(2) 大化の改新後

六四五年の大化の改新により、私有地・私有民が廃止されるとともに、ほとんどの民が国家の戸籍に登録することになり、「氏名」が登録された。

また、大和朝廷は、豪族達に称号としてのランク付けされた「姓《カバネ》」を与えた。

地位・家格を表す「姓」＝真人、朝臣、宿禰、忌寸、道師、臣、連、別等

職制を表す「姓」＝国造、県主、稲置、別等

下級の身分の者や農民に与えられた「姓」＝造、公、史、勝、村主、直、首等

平安時代以降は、戸籍調査は行われなくなり、「氏」の統一性を欠く様になったが、この頃にはほとんどの国民が名字を持っていた。

(3) 平安時代以降

奈良時代の後半からは、藤原氏、橘氏、菅原氏、大江氏、清原氏等の一部の豪族に権力が集中するようになった。特定の「氏」に権力が集中すると、少しでも上位の官職に着く為に、時の権力者

と先祖が同じ血筋であると称して、「藤原」、「菅原」姓を名乗る者が増えてきた。特に藤原氏の一族は、地方に任官した後にも「藤原一族」であることを示す為に、「藤」の字の前後に任官地名、任官役職名等を付けて名字とした。藤原氏を示す代表的な名字としては次の様な名字がある。カッコ内は、任官地、職種或は氏族を示す。

安藤（安倍氏）、伊藤（伊勢国）、遠藤（遠江国）、加藤（加賀国）、工藤（木工助）、後藤（肥後国）、近藤（近江国）、佐藤（左衛門）、斎藤（斎宮寮頭）、春藤（春日氏）、進藤（修理少進）、須藤（那須国）、内藤（内舎人）、尾藤（尾張国）、武藤（武蔵国）

また、天皇が皇子を臣籍降下（皇席から外す）して与えた名字も出てきた。桓武天皇（七八一～八〇六年）は、孫達に「平」姓を与えて臣籍とした。

嵯峨天皇（八〇九～八二三年）は、皇子が五〇人も居たので臣籍に下して「源」姓を与えた。以降、天皇の子供には「源」姓を、孫には「平」姓を与えるようになった。

例えば、「清和源氏」は、「清和天皇の皇子」を意味する。

これらの貴人が地方、例えば「甲斐」に任官すると、「甲斐源氏」と称するようになった。

(4) 中世以降

鎌倉時代になると、幕府は諸将・御家人を諸国の守護や地頭に任免した。封地を賜った御家人等は、その土地の所有権を示す為に、本来の「氏」を名乗らず任地の地名に改名する者も出てきた。さらに、新たに開発した土地に自己の名を付けて地名とする者も出てきた。封地を与えられた分家は、封地名を名字として本家と異なる名字にする者が多かった。

(5) 鎌倉時代末期以降

鎌倉時代も末期になると、居住地が変わっても「名字」を変える者が少なくなり、祖先を同じくする血族を示す「家名」として「苗字」の字が定着するようになった。配下の武士等も直属上位者の名字を欲しがるようになって、自然と名字の下賜が生じてきた。「源平藤橘」という言葉が良く使われる。これは自分の先祖が「藤原」、「源」、「平」、「橘」等の有力な血筋であることを示したい為に唱え始めた。たとえば、源頼朝が征夷大将軍になると、「源氏」を名乗る者が増えてきた。名字は時代と共に、自己の利益と結び付けて変える者が多かった。

⑹江戸時代の苗字

織田・豊臣時代に入り、兵農分離が推進され、やがて貴族・武士以外の「苗字の公称と帯刀の禁止」へと進んで行った。

こうして苗字を制限する一方、豊臣秀吉が家臣に「豊臣」や「羽柴」の苗字を賜与したり、徳川家康が「松平」の家号を家臣に与えた如く、苗字が褒賞の一つとして利用されるようになった。

その一方で、加賀藩では「前田」を「前多」に、常陸の「江戸氏」は「水戸氏」の様に、将軍家や主君に遠慮して改名する者もあった。

農民・町人については、庄屋・名主・本陣等の役柄にある者、孝行者・精励者・奇特者、徒党・強訴を訴え出た場合等には、名誉あるいは褒賞として苗字・帯刀が許されていた。

⑺明治時代の苗字必称義務例

明治維新により、士農工商の身分制度が廃止され、チョンマゲ・帯刀が廃止され、職業・居住地も自由に選べるようになった。

明治三年（一八七〇年）には、徴兵・徴税の必要性から、全国民の戸籍を把握する必要性が出てきた。

そこで政府は「平民苗字許可令」を布告して、平民が苗字を称することを許可した。

しかし、庶民の苗字の公称は、長年に亘って禁じられていたため、苗字を称することに躊躇する人も多く、しびれを切らした政府は、明治八年（一八七五年）に「平民苗字必称義務令」を出して、全ての人民に苗字を称することを義務付けた。

届け出苗字の命名については、次の様であった。
①檀家帳、系図、墓標等を参考にして古姓に復する者
②村の有力者（庄屋、名主等）や役場の吏員等に頼んで付けてもらう者
③神官、僧侶、医者、学者、旧藩士等の村のインテリに付けてもらう者
④屋号、職業名を代用した者
名字の公称は禁じられていたが、古姓に復する者が一番多かったと思われる。

⑻常用漢字・当用漢字の登場と漢字の混乱

複雑な漢字の不便を避ける為に、大正一二年以来数度に亘って日常使用する頻度の高い漢字を次に示す様な略字に改めて「常用漢字」とした。

「齋」↓「斎」、「齊」↓「斉」、「邉」↓「辺」、「澤」↓「沢」、「濱」↓「浜」、「縣」↓「県」、「嶋」↓「島」、「髙」↓「高」、「國」↓「国」

「斎藤」の「斎」は、「齋」＝神を祭る儀礼を行う前に心身を清める意、「齊」＝穀物の穂が出揃った形の意で異なる字源であるが、「斎」を更に簡略化した字と誤解して「斉」の字に改めた人も出て来た。しかし、いずれの「サイトウ」もルーツは同じである。

昭和二一年（一九四六年）には、日常使用する漢字の範囲を「当用漢字」として定めた。これらは、昭和五六年（一九八一年）に「常用漢字」として統一。常用漢字や当用漢字が公布された時に、苗字に使用している旧漢字を常用漢字等に改めた人と旧漢字のままで使用していた人が混在して現在に至っている。

2　日本の苗字の数

日本の苗字の数は、一〇万とも三〇万ともいわれている。たとえば、「古沢」を「コサワ」と読む読み方と「フルサワ」と読む読み方によっても二種類となる。さらに、「沢」の字を使うか「澤」の字を使うかによっても二種類となり、合計で四種類となる。

あるいは、「斎藤」も「斎等」、「斉藤」、「齋藤」、「齊藤」、「齎藤」と五種類はある。これらを別の苗字だとしたら三〇万はあるかと思われるが、明治八年の「平民名字必称義務令」が出された時には、常用漢字の「斎」も「斉」もなかった。一九二三年（大正一二年）、一九三一年（昭和六年）、さらに一九八一年（昭和五六年）の常用漢字あるいは当用漢字の選定によって、旧漢字のままの氏と常用漢字に改姓した氏、あるいはこの時に間違った常用漢字に変えた氏等が混在して、苗字の数が増えてしまったと思われる。したがって、常用漢字に統一して読み方を一つにしたら、日本の苗字の数は一〇万位と推定される。

一番人口の多い苗字は、佐藤で約一九三万人、二番が鈴木で一七一万人、三番が高橋で一四二万人、四番が田中で一三四万人、五番が渡辺で一一四万人、六番が伊藤で一〇八万人、七番が山本で一〇八万人、八番が中村で一〇六万人、九番が小林で一〇二万人、十番が斎藤で九八万人である。

そして、人口の多い苗字の一番から一〇〇番（約一八万人）迄で人口の凡そ三分の一、一〇〇〇番（一八四〇〇人）迄の人で七〇％、五〇〇〇番（二一〇〇）迄の人で九〇％を占める。

シャチハタの既成印は、二一〇〇種類で八〇％をカバーしているようである。

3　苗字の地域性

全国並びに都道府県別のベスト一〇（20〜23頁に掲載）の苗字のほとんどが地名・地形由来あるいは氏族由来の二字の分かり易い苗字である。しかし、渡辺・渡部、松本・松元のように、読み方は同じだが、字が異なる苗字も多い。

さらに、地形（例えば谷・峪・硲・岨・峙）についても地域によって呼び方や字が異なることもある。

また、山が多い地域、田が多い地域、海に近い地域、川に近い地域、寒い地域、温暖な地域等によっても苗字の付け方が異なってくる。

都道府県別の苗字ベスト一〇にもこれが現れている。

難読苗字に類するものになると、さらに地域性が大きくなる。

沖縄の苗字は、琉球国時代の苗字に日本語的な漢字を当てたものが多いので特に難読性が高い。また、北海道の苗字の中にもアイヌ語の読み方に漢字を当てはめたものもある。

鹿児島県、福岡県、兵庫県（淡路地方と日本海側）、新潟県の苗字も地域性が高い苗字が多いようである。

4　難読苗字一〇〇〇

ほとんどの人が当たり前のように読んでいる苗字、例えば長谷川、五十嵐、服部、足利、春日、東海林等も難読に類する苗字ではあるが、このような常識化していると思われる苗字は別として、日頃余り見かけないような苗字の中で、人口が凡そ一〇〇人を超えると推定される苗字一〇〇〇を選び出した。

難読苗字に類する苗字は、読み方が一つとは限らない読み方の苗字が多い。複数の読み方がある苗字については、それら複数の読み方を示した。

都道府県別苗字のベスト 10

順位	全国	北海道	青森	岩手	宮城	秋田	山形	福島	茨城	栃木	群馬	埼玉
1	佐藤	佐藤	工藤	佐藤	佐藤	佐藤	佐藤	佐藤	鈴木	鈴木	高橋	鈴木
2	鈴木	高橋	佐藤	佐々木	高橋	高橋	高橋	鈴木	佐藤	渡辺	小林	高橋
3	高橋	佐々木	佐々木	高橋	鈴木	佐々木	鈴木	渡辺	小林	佐藤	佐藤	佐藤
4	田中	鈴木	木村	千葉	阿部	伊藤	斎藤	斎藤	渡辺	斎藤	新井	小林
5	渡辺	伊藤	成田	菊池	佐々木	鈴木	伊藤	遠藤	高橋	小林	斎藤	斎藤
6	伊藤	田中	斎藤	伊藤	千葉	斎藤	阿部	高橋	斎藤	高橋	清水	新井
7	山本	吉田	中村	阿部	伊藤	三浦	渡辺	吉田	木村	福田	鈴木	田中
8	中村	渡辺	田中	菅原	斎藤	加藤	後藤	渡部	根本	石川	吉田	渡辺
9	小林	小林	三上	鈴木	菅原	菅原	加藤	菅野	中村	加藤	中島	中村
10	斎藤	中村	高橋	及川	渡辺	工藤	遠藤	橋本	吉田	松本	田中	加藤

順位	千葉	東京	神奈川	新潟	富山	石川	福井	山梨	長野	岐阜	静岡	愛知
1	鈴木	鈴木	鈴木	佐藤	山本	山本	田中	渡辺	小林	加藤	鈴木	鈴木
2	高橋	佐藤	佐藤	渡辺	林	中村	山本	小林	丸山	伊藤	渡辺	加藤
3	佐藤	高橋	高橋	小林	吉田	田中	吉田	望月	田中	山田	望月	伊藤
4	渡辺	田中	渡辺	高橋	中村	吉田	山田	清水	中村	林	杉山	山田
5	伊藤	渡辺	小林	鈴木	山崎	山田	小林	深沢	伊藤	渡辺	山本	山本
6	斎藤	小林	田中	斎藤	田中	林	中村	佐藤	清水	田中	佐藤	近藤
7	田中	伊藤	加藤	長谷川	山田	中川	加藤	古屋	佐藤	高橋	伊藤	佐藤
8	中村	中村	伊藤	阿部	清水	松本	佐々木	佐野	高橋	後藤	山田	田中
9	石井	加藤	中村	五十嵐	中川	山下	斎藤	鈴木	宮沢	鈴木	加藤	渡辺
10	小林	斎藤	斎藤	山田	酒井	山崎	山口	雨宮	山崎	佐藤	中村	水野

順位	三重	滋賀	京都	大阪	兵庫	奈良	和歌山	鳥取	島根	岡山	広島	山口
1	伊藤	田中	田中	田中	田中	山本	山本	田中	田中	山本	山本	山本
2	中村	山本	山本	山本	山本	田中	田中	山本	山本	三宅	田中	田中
3	山本	中村	中村	中村	井上	吉田	中村	山根	佐々木	藤原	佐藤	中村
4	田中	西村	井上	吉田	松本	中村	松本	松本	藤原	佐藤	藤井	藤井
5	加藤	山田	吉田	松本	藤原	松本	前田	前田	原	田中	村上	原田
6	鈴木	北川	山田	井上	小林	井上	林	谷口	高橋	藤井	高橋	伊藤
7	小林	中川	西村	山田	中村	上田	谷口	中村	伊藤	渡辺	佐々木	河村
8	水谷	木村	木村	山口	吉田	岡本	岡本	西村	渡部	井上	中村	林
9	森	井上	林	高橋	前田	山田	宮本	山田	松本	小林	小林	藤本
10	山口	林	松本	小林	山田	森本	坂本	小林	佐藤	岡本	井上	西村

順位	徳島	香川	愛媛	高知	福岡	佐賀	長崎	熊本	大分	宮崎	鹿児島	沖縄
1	佐藤	大西	村上	山本	田中	山口	山口	田中	佐藤	黒木	中村	比嘉
2	吉田	田中	越智	山崎	中村	田中	田中	中村	後藤	甲斐	山下	金城
3	近藤	高橋	高橋	小松	井上	古賀	中村	松本	小野	河野	田中	大城
4	森	山下	山本	浜田	古賀	松尾	松尾	村上	渡辺	日高	前田	宮城
5	田中	山本	渡部	高橋	山本	中島	松本	坂本	安部	佐藤	浜田	新垣
6	山本	森	渡辺	井上	吉田	池田	山下	山下	河野	長友	東	玉城
7	林	多田	松本	西村	佐藤	中村	吉田	山本	工藤	田中	山口	上原
8	大西	中村	伊藤	岡林	松尾	井上	森	渡辺	高橋	児玉	池田	島袋
9	山田	松本	井上	川村	松本	江口	前田	前田	阿部	中村	川畑	平良
10	中川	三好	田中	山中	山口	山田	山本	佐藤	甲斐	山下	松元	山城

5　木偏の漢字の苗字

苗字に使われる漢字には、松・杉・梅・椿等の一般的な木偏の漢字の他に、一見読めそうで読み難い木偏の苗字が数多くある。

難読苗字一〇〇〇の中に含まれているものもあるが、これらの漢字の読み方がわかれば、かなりの難読苗字が読めると思われる。その漢字の例と苗字の例を示す。

漢字の後ろのカッコ内は、カタカナは音読み、ひらがなは訓読みを、苗字の例の後ろのカッコ内は、苗字の読みを示す。

ここに示す杤（とち）のように訓読みだけの漢字は、国字漢字（日本固有の漢字）である。

杇（キュウ、くちる）：杇名（くつな）
朶（ダ、えだ、たれる）：朶（えだ）
杁（いり）：杁江（いりえ）
杤（とち）・栃と同字：杤尾（とちお）

杢（もく）：杢尾（もくお）
朴（ボク、ほお）：朴木（ほおのき）
杣（そま）：杣田（そまだ）
杠（コウ、こばし、ゆずりは）：杠（ゆずりは）
杜（ト、やまなし）：杜若（かきつばた）
杓（シャク、ひしゃく）：杓子（しゃくし）
杦（すぎ）：杦浦（すぎうら）
枌（フン、そぎ）：枌原（そぎはら）
枋（ホウ、ふしづけ）：枋木（こぼのき）
枩（ショウ、まつ）・松の異体字：枩田（まつだ）
杪（ビョウ、こずえ）：杪谷（ほえたに）
枦（ロ、はぜ）・櫨の略字：枦山（はぜやま）
杼（チョ、そぐ）：杼木（とちぎ）
枸（ク、からたち）：枸杞（くこ）

柊（シュウ、ひいらぎ）：柊（ひいらぎ）、柊崎（ふきざき）
枳（キ、からたち）：枳本（げずもと）
柆（ロウ、くい）：柆田（くいた）
栂（とが、つが）：栂（とが、つが）、栂野（とがの、つがの）
栓（セン、せん）：栓山（くぎやま）
栫（セン、かこい、ふさぐ）：栫（かこい）
栢（ハク、かや）：栢菅（かやすが）
桾（クン、くぬぎ）：桾本（くぬぎもと）、桾沢（ぐみざわ）
栩（ク、くぬぎ）：栩木（とちぎ）
梛（ダ、ナ、なぎ）：梛川（なぎかわ）
椛（かば、もみじ）樺の略字国字：椛島（かばしま）
椚（くぬぎ）：椚田（くぬぎだ）
椢（カイ、くぬぎ）：椢原（くにはら）
椋（リョウ、むく）：椋（くらはし）、椋梨（むくなし）

椙（すぎ）：椙原（すぎはら）
楫（ショウ、かじ）：楫取（かとり）
楮（チョ、こうぞ）：楮山（かじやま）
椹（チン、さわら、あてぎ）：椹木（さわらぎ）
榲（オツ、すぎ）：榲山（すぎやま）
榧（ヒ、かや）：榧野（かやの）
榑（フ、まるた）：榑山（くれやま）
榛（シン、はしばみ）：榛原（はいばら）
樅（ショウ、もみ）：樅野（もみの）
橡（ショウ、とち）：橡尾（とちお）
樟（ショウ、くすのき）：樟（くぬぎ、くす）
樗（チョ、せんだん）：樗木（ちしゃき）
櫟（レキ、くぬぎ、いちい）：櫟（いちい）、櫟本（とちもと）
櫃（ヒ、ひつ、かやのき）：櫃岡（ひつおか）

この辞典の使い方

・難読苗字と思われる苗字の頭字（最初の字）を画数順に列記した。

・苗字の左に、カタカナで読み方を示している。読み方が複数ある場合は、それらを記している。ただし、読み方の清音と濁音については、どちらかの一つしか記していない

・さらに、これらの苗字の推定人口、苗字の発祥・由来も記している。由来の多くは地名由来である。

・そして、これらの苗字の多い地域を示した。地名の国名は旧国名で示している。参考として、旧国名と現在の都道府県名の概略を次に示す。

令制国名と現在の都道府県名の概略

畿内：天皇が住む都の周辺の地域

山城国（ヤマシロ）：京都府南部・内陸部（京都市の大半、日向市、木津市、宇治市、京田辺市、八幡市等）

大和国（ヤマト）：奈良県の大半

河内国（カワチ）：大阪府の東部（東大阪市、八尾市、藤井寺市、堺市東部、富田林市、寝屋川市等）

和泉国（イズミ）：大阪府の大和川南西部（和泉市、岸和田市、堺市の西中南部、貝塚市、泉佐野市等）

摂津国（セッツ）：大阪府の大半、兵庫県の東部（長田区、灘区、芦屋市、宝塚市、西宮市南部等）

東海道：本州の太平洋側中央部

伊賀国（イガ）：三重県西部の上野盆地一帯と伊賀市、名張市

伊勢国（イセ）：三重県の大半（四日市市、桑名市、鈴鹿市、津市、伊勢市の大半、松阪市等）

志摩国（シマ）：志摩半島の大半（志摩市、鳥羽市）

尾張国（オワリ）：愛知県西部（名古屋市、犬山市、小牧市、一宮市、知多市、瀬戸市、常滑市等）
三河国（ミカワ）：愛知県東部（豊橋市、知立市、豊田市、安城市、刈谷市、東海市、岡崎市、蒲郡等）
遠江国（トオトウミ）：静岡県の大井川西部（掛川市、浜松市、島田市、磐田市、袋井市、牧之原市等）
駿河国（スルガ）：静岡県の大井川東部（静岡市、沼津市、焼津市、富士市等）
伊豆国（イズ）：伊豆半島と伊豆諸島
甲斐国（カイ）：山梨県全域
相模国（サガミ）：神奈川県の北東部を除く全域（川崎市、横浜市の沿岸部を除く）
武蔵国（ムサシ）：埼玉県の大半、東京都の隅田川以東、神奈川県の川崎市と横浜市沿岸部、現
東京（江戸）は天領
安房国（アワ）：千葉県南端（鴨川市、館山市、南房総市等）
上総国（カズサ）：千葉県の中南部（市原市、木更津市、君津市、袖ケ浦市等）
下総国（シモウサ）：千葉県北部、埼玉県東部、東京東辺、茨城県南西部
常陸国（ヒタチ）：茨城県の大半

東山道：本州の内陸部を滋賀県から青森県まで東西に横断
近江国（オウミ）：滋賀県全域
美濃国（ミノ）：岐阜県南部（岐阜市、大垣市、羽島市、恵那市、中津川市等）
飛騨国（ヒダ）：岐阜県北部（高山市、飛騨市、下呂市等）
信濃国（シナノ）：長野県の大半
上野国（コウズケ）：群馬県の大半
下野国（シモツケ）：栃木県の大半、群馬県の東端
出羽国羽前（デワ・ウゼン）：山形県の大半
出羽国羽後（デワ・ウゴ）：秋田県の大半
陸奥国岩代（ムツ・イワシロ）：福島県西半分の内陸部
陸奥国磐城（ムツ・イワキ）：福島県東半分、宮城県南部（白石市、角田市等）
陸奥国陸前（ムツ・リクゼン）：宮城県の大半、岩手県気仙沼地区
陸奥国陸中（ムツ・リクチュウ）：岩手県の大半、秋田県の北東部の一部
陸奥国陸奥（ムツ・ムツ）：青森県の大半、岩手県二戸郡

北陸道：本州の日本海側中部、ほぼ国道8号と北陸自動車道沿い
若狭国（ワカサ）：福井県南部（小浜市、三方郡等）
越前国（エチゼン）：福井県の嶺北地方（福井市、越前市、鯖江市、大野市、敦賀市等）
加賀国（カガ）：石川県南部（加賀市、小松市、金沢市、白山市等）
能登国（ノト）：石川県北部（羽咋市、七尾市、輪島市等）
越中国（エッチュウ）：富山県全域
越後国（エチゴ）：新潟県本州部全域
佐渡国（サド）：佐渡島全域

山陰道：本州日本海側の西部、ほぼ国道9号沿い
丹波国（タンバ）：京都府中部、兵庫県東辺（福知山市、亀岡市、篠山市、丹波市等）
丹後国（タンゴ）：京都府北部・日本海側（舞鶴市、東舞鶴市、宮津市、京丹後市等）
但馬国（タジマ）：兵庫県北部・日本海側（豊岡市、朝来市、養父市等）
因幡国（イナバ）：鳥取県東部（鳥取市、岩美郡等）

伯耆国（ホウキ）：鳥取県中部と西部（倉吉市、米子市、境港市、伯耆郡等）
出雲国（イズモ）：島根県東部（松江市、出雲市、安来市、雲南市等）
石見国（イワミ）：島根県西部（太田市、浜田市、江津市、益田市、鹿足郡等）
隠岐国（オキ）：隠岐島全域

山陽道：本州の瀬戸内海岸、ほぼ国道2号沿い
播磨国（ハリマ）：兵庫県西部（神戸市西区、明石市、姫路市、赤穂市、加古川市等）
美作国（ミマサカ）：岡山県北東内陸部（津山市、美作市、真庭市、久米郡等）
備前国（ビゼン）：岡山県南東部（岡山市、備前市、赤磐市、瀬戸内市、児島市等）
備中国（ビッチュウ）：岡山県南西部（岡山市、倉敷市、井原氏、新見市、総社市等）
備後国（ビンゴ）：広島県東部（福山市、尾道市、庄原市、三次市等）
安芸国（アキ）：広島県西部（広島市、三原市、東広島市、廿日市市、呉市等）
周防国（スオウ）：山口県南東部（岩国市、柳井市、周南市、防府市、山口市等）
長門国（ナガト）：山口県西部（宇部市、小野田市、美祢市、下関市、萩市等）

南海道：紀伊半島、淡路島、四国周辺
紀伊国（キイ）：和歌山県全域、三重県南部
淡路国（アワジ）：淡路島全域と沼島
阿波国（アワ）：徳島県全域
讃岐国（サヌキ）：香川県全域、但し小豆島は備前国に属す
伊予国（イヨ）：愛媛県の大半
土佐国（トサ）：高知県の大半

西海道：九州と周辺の島
豊前国（ブゼン）：福岡県東部、大分県北部（北九州市、行橋市、豊前市、中津市等）
豊後国（ブンゴ）：大分県の大半（中津川市等を除く）
筑前国（チクゼン）：福岡県西部（福岡市、大宰府市、飯塚市、朝倉市、前原市等）
筑後国（チクゴ）：福岡県南部（うきは市、久留米市、柳川市、大牟田市、八女市等）
肥前国（ヒゼン）：佐賀県全域と対馬・壱岐を除く長崎県

肥後国（ヒゴ）：熊本県の大半
日向国（ヒュウガ）：宮崎県の大半
大隅国（オオスミ）：鹿児島県東部、奄美諸島（霧島市、大口市、国分市、奄美諸島等）
薩摩国（サツマ）：鹿児島県西部（鹿児島市、川内市、指宿市、枕崎市、南薩摩市等）
壱岐国（イキ）：壱岐島全域
対馬国（ツシマ）：対馬全域

その他
琉球王国（リュウキュウ）：沖縄県全域
蝦夷地（エゾ）：北海道全域

一

ハジメ
イチ
カズ

四二〇人

神奈川県の浄土宗の僧侶の創姓

熊本県熊本市周辺、福井県坂井市周辺

一円

イチエン
カズエン

四四〇人

近江国犬上郡一円荘

高知県安芸郡・香美市、滋賀県犬上郡

一口

イチグチ
イモアライ
カズクチ

一七〇人

山城国久世郡一口

京都府向日市、熊本県、福岡県

一二

イチニ
ヒフ
ツマビラ

一一〇人

天草地方発祥

熊本県天草地方

一藤木

イットウギ

九〇人

相模国発祥

神奈川県横浜市・小田原市、静岡県、東京都

一寸木

チョッキ
マスキ

八二〇人

信濃国の増城《マスキ》氏が改名

神奈川県小田原市

一二三

ヒフミ
カズフミ

七四〇人

越後国蒲原郡に存す

熊本県熊本市・天草市、兵庫県赤穂市

入交

イリマジリ
ニュウコウ

一〇二〇人

土佐国長岡郡入交

高知県高知市・安芸市

刀川

タチカワ

三六〇人

下野国発祥、立川に通ず

栃木県下都賀郡

七五三

シメ
ナゴミ
シメカミ

五四〇人

しめ縄の七・五・三本の紐が由来

千葉県香取市

七夕

タナバタ

一二三〇人

薩摩発祥、棚畑の当て字

鹿児島県指宿市・霧島市

七搦

ナナカラゲ

一三〇人

薩摩発祥、門割制度の七搦門由来

鹿児島県薩摩郡

七種

サイクサ
ナナクサ

七七〇人

肥前国の武将に存す、三枝に通ず

長崎県佐世保市・平戸市・松浦市

八月一日

ホヅミ

八〇人

穂先を八月の神事に使うことから

群馬県吾妻郡

八尋

ヤヒロ

六〇〇〇人

筑後発祥、広いと言う意

福岡県福岡市・筑紫野市・久留米市周辺

九石

サザラシ
クイシ

一三〇人

栃木県茂木町の地名

北海道、栃木県芳賀郡

九十九

ツクモ

八〇〇人

豊前国田川郡九十九谷

広島県尾道市、福岡県京都郡

十枝内

トシナイ

三六〇人

陸奥国北郡十枝内

青森県上北郡七戸町

十亀

ソガメ
トガメ
ジュウカメ

二二六〇人

伊予発祥、曽我部に通ず

愛媛県西条市・新居浜市周辺

十河

ソゴウ
トガワ
トウゴウ
ジュウカワ

六一五〇人

讃岐国の蘇甲が十河に改名

香川県高松市周辺

十倉

トクラ

一三七〇人

摂津国川辺郡十倉、丹後の名族

兵庫県加古川市・丹波市、京都府船井郡

十代田

ソヨダ
ソシロダ

一六〇人

美作国の製鉄工程数をいう

山口県宇部市、広島県府中市

十時

トトキ

一五九〇人

豊後国大野郡十時

福岡県、大分県豊後大野市・大分市

十倍

トベ

九〇人

陸前国発祥

宮崎県大崎市

十合

ソゴウ

八〇人

十河に通ず、浪速の名族

奈良県、大阪府、京都府

十鳥
ジュウトリ
トトリ
七二〇人
鳥取に通ず
香川県三豊市、北海道

丁
ヨウロ
ヨロ
四七〇人
朝鮮渡来人の姓にある
熊本県水俣市周辺

人首
ヒトカベ
二四〇人
陸奥国江刺郡人首
岩手県花巻市・陸前高田市周辺

卜部
ウラベ
四一一〇人
古代姓・卜部宿禰がルーツ
広島県福山市、埼玉県本庄市、茨城県東茨城郡

上栫
ウワガキ
カミカコイ
二〇〇人
薩摩発祥、阿久根市に「栫」地名多い
鹿児島県薩摩川内市

上蔀
ウワシト
二六〇人
「蔀」は日光・風雨を防ぐ建具
熊本県球磨郡・八代市

上酔尾
カミエノオ
一四〇人
薩摩発祥、「酔う」を「ゑう」と書いた
鹿児島県いちき串木野市

上拾石
カミジュッコク
ウエジュッコク
二八〇人
三河国・因幡国に拾石地名あり
鹿児島県鹿児島市周辺

上水流
カミツル
カミズル
八二〇人
薩摩国出水郡上水流
鹿児島県鹿児島市周辺、水流姓も多い

下司
ゲシ
シモツカサ
シモジ
二〇〇〇人
荘園の実務担当名
高知県南国市・高知市、福岡県、兵庫 等

己斐

コイ

一五〇人

安芸国佐伯郡己斐

広島県広島市

及能

キュウノ

一一〇人

経済学者に及能正雄氏があり

北海道函館市

及位

ノゾキ
ノゾイ

一三〇人

羽後国由利郡及位

秋田県秋田市

女屋

オナヤ
メヤ

一四〇〇人

上野国勢多郡女屋

群馬県前橋市

女鹿

メガ

五四〇人

陸奥国糠部郡女鹿

岩手県盛岡市

川除

カワヨケ

一五〇人

堤防の意、各地に地名あり

富山県射水市

口分田

クモタ
クモデ

一七〇人

近江国口分田

滋賀県米原市、兵庫県

子野日

ネノヒ

一〇〇人

羽後国発祥、十二支の子の日に生まれた人

秋田県秋田市・横手市

三改木

ミゾロギ

九〇人

上野国勢多郡溝呂木と同祖

静岡県御殿場市

三廻部

ミクルベ

一七〇人

相模国足柄上郡三廻部

神奈川県小田原市

三鼓

ミツヅミ

二四〇人

太鼓・羯鼓・鉦鼓を三鼓と言う

岡山県井原市、広島県福山市

三觜

ミツハシ
ミハシ

一〇二〇人

三橋に通ず

神奈川県藤沢市

小汀

オバマ

九〇人

出雲発祥、小浜と同祖

島根県出雲市

小昏

コグレ

八〇人

上野国勢多郡小暮

東京都日野市

小榑

コグレ
オグレ

三二〇人

小暮に通ず、港区に地名

東京都東大和市

小鳥遊

タカナシ

四〇人

鷹が居ないと小鳥が遊べるから

和歌山県東牟婁郡那智勝浦町

小丹枝

コニシ

二四〇人

小西と通ず

北海道帯広市

小更

コブケ
コサラ

二八〇人

下総国相馬郡小浮気

茨城県稲敷郡

小椎尾

コジオ
コシオ

二七〇人

筑後国生葉郡小塩

福岡県久留米市・八女郡

小竹

コタケ
オタケ
シノ

一四五一〇人

越中国婦負郡小竹

新潟県新潟市・糸魚川市、富山県高岡市

小童谷

ヒジヤ
オジヤ

一五〇人

美作国真庭郡小童谷

岡山県勝田郡

小番

コツガイ
コバン

一〇七〇人

一矢で二羽《ツガイ》を射た恩賞姓

秋田県由利本荘市

千頭

チカミ
センズ

一一六〇人

土佐国香美郡の専当氏が改称

高知県高知市

千歩

センブ

一六〇人

加賀国の地名由来

石川県小松市、北海道

千々波

チヂワ
チヂナミ

一六〇人

肥前国高来郡千々岩

熊本県熊本市・八代市

千金楽

チギラ

一三〇人

相模国愛甲郡千吉良

群馬県邑楽郡大泉町、栃木県

千装

チギラ

一四〇人

「チギラ」姓の一つ

埼玉県入間郡毛呂山町

千明

チギラ
チアキ

二九〇〇人

「チギラ」姓の一つ

群馬県渋川市周辺

千木良

チギラ

一五九〇人

相模国愛甲郡千吉良

群馬県渋川市・前橋市・高崎市周辺

千種

チグサ
チタネ

二五〇〇人

公家・千種家の流れ

三重県四日市市周辺、愛知県

千々和
チヂワ
一三一〇人
肥前国高来郡千々石
福岡県北九州市

千頭和
チズワ
センズワ
六九〇人
甲斐国巨摩郡千須和の変化
山梨県南巨摩郡、静岡県

大宜見
オオギミ
四六〇人
沖縄県の地名由来
沖縄県那覇市・沖縄市

大滝
オオスキ
四九〇人
薩摩発祥、阿久根市大滝、小滝もある
鹿児島県阿久根市・出水市

大朏
オオツキ
五六〇人
武蔵国比企郡大附
群馬県館林市、栃木県佐野市周辺

大戸

オオト
ネギ

五七九〇人

古代姓・大戸宿禰の裔

福島県と大分県に比較的多い

大鋸

オオガ
オオノコ

一〇四〇人

各地に地名あり、材木集積場の意

岐阜県加茂郡、佐賀県藤津郡

大峡

オオバ
オオハザマ

一一〇人

信濃国大峡

長野県須坂市・長野市、愛知県

大豆生田

オオマミウダ
オオマメウダ

九三〇人

下野国那須郡大豆田

栃木県栃木市周辺

大楽

ダイガク
ダイラク
オオラク

一六四〇人

越後国魚沼郡に豪族存す

福島県いわき市周辺

大給

オギュウ
オオタビ

二六〇人

三河国賀茂郡大給

兵庫県姫路市、島根県、長野県

大仏

オサラギ
ダイブツ

一七〇人

相模国鎌倉郡発祥、鎌倉がオサラギ

岡山県真庭市に多いがダイブツと読む

大

ダイ
オオ

三五〇人

古代姓・大宿禰等

新潟県十日町市・上越市周辺

大饗

オオアエ
オオアイ
オオバ

六〇〇人

河内国八上郡大饗

岡山県備前市

大工廻

ダクジャク
タクエ
オオクガイ

一三〇人

沖縄県の地名由来

沖縄県沖縄市

大立目
オオダチメ
オオタツメ

三〇〇人

陸奥国伊達郡大立目

宮城県登米市周辺

土生
ハブ
トキ

三〇九〇人

和泉国和泉郡土生、安芸に豪族

宮城県亘理市・角田市、福岡福岡市、広島市

土定
ドンジョウ
ドジョウ

一〇〇人

国土安定を願った姓

石川県小松市

土師
ハゼ
ハジ
ドシ

三三三〇人

古代の土器製作者の職業名

福岡県久留米市・飯塚市、岡山県倉敷市、大阪府堺市

土生都
ハブツ

一一〇人

下野国芳賀郡羽仏

茨城県桜川市

久楽

クタラ
クラク

二四〇人

周防発祥、百済と通ず

山口県周南市

久多良木

クタラギ

二五〇人

肥前国八代郡百済来がルーツ

大分県大分市周辺

久手堅

クテケン

六七〇人

沖縄県の地名由来

沖縄県那覇市周辺

万歳

マンザイ
バンザイ

二一〇人

大和国葛下郡万歳

大阪市、奈良市周辺、和歌山県

万城目

マンジョウメ

二四〇人

陸奥国稗貫郡万町目

宮城県大崎市、北海道

万年

マンネン
オモト

一一一〇人

後鳥羽上皇の下賜姓

北海道、山形県鶴岡市

万屋

ヨロズヤ
マンヤ

三二〇人

堺の商人の屋号

山口県萩市、長崎県

万木

ユルギ
マンキ
マキ

一二六〇人

上総国夷隅郡万喜

滋賀県高島市、京都府京都市

山家

ヤンベ
ヤマヤ

五九二〇人

出羽国村山郡山家

宮城県柴田郡・苅田郡・仙台市

山老

ヤマオイ
トコロ

一〇〇人

野老（トコロ・山芋科）と通ず

千葉県東金市

弓削
ユゲ

六五九〇人

古代の職業姓

宮崎県宮崎市、福岡県久留米市・八女郡

弓削田
ユゲタ

六一〇人

弓削と同祖、

埼玉県さいたま市、福岡県

弓納持
ユナモチ
ユミナモチ

四一〇人

職業姓

新潟県上越市

井
イ
イイ
ワカシ

三三〇人

三河発祥

熊本県阿蘇郡・熊本市、福岡県、大分県

井澗
イタニ

四四〇人

紀伊発祥の井谷と同祖

和歌山県西牟婁郡

井面

イノモ
イオモ
イノオモテ

二九〇人

三重県津市美里町井面

岩手県奥州市、三重県津市

犬童

インドウ
イヌドウ
ケンドウ

二三五〇人

肥後国の相良氏族

熊本県球磨郡・人吉市、鹿児島姶良郡

今給黎

イマキレイ
イマキュウレ

九四〇人

薩摩国給黎郡がルーツ

鹿児島県枕崎市・鹿児島市

今久留主

イマクルス

一一〇人

久留主と共に薩摩発祥

鹿児島県薩摩川内市

牛腸

ゴチョウ
ゴヨウ
ウシワタ

八三〇人

信濃・善光寺の後庁家と同祖

新潟県加茂市・見附市

牛頭
ゴトウ
ゴズ
三四〇人
牛頭天王に由来
神奈川県横浜市鶴見区

内生蔵
ウチウゾウ
二八〇人
越中発祥
富山県魚津市

王生
イクルミ
二九〇人
草壁皇子の子孫という
石川県小松市、北海道

方波見
カタバミ
ホナミ
一六八〇人
常陸発祥、桓武平氏流という
茨城県鉾田市・潮来市・生方市

木稲
コノミ
二四〇人
豊前国企球郡許斐
福岡県久留米市

木住野

キシノ
キスミノ

七〇〇人

武蔵国多摩郡岸野、岸野に通ず

東京都あきる野市

木全

キマタ

六五〇〇人

尾張国中島郡木全

愛知県一宮市周辺

木檜

コグレ

二三〇人

上野国勢多郡小暮

群馬県吾妻郡・利根郡周辺

木賊

トクサ

二一〇人

岩代国会津郡木賊

福島県須賀川市周辺、北海道

毛受

メンジョウ
メンジュ
ケウケ

九六〇人

尾張国中島郡毛受

愛知県豊田市周辺

五百川

イオカワ
イモカワ

一一〇〇人

越後国蒲原郡五百川、岩代にも

新潟県阿賀野郡、島根県松江市

五百旗頭

イオキベ

一五〇

景行帝皇子の御名代名

兵庫県三木市・明石市

五百蔵

イオロイ
イオクラ

一一九〇人

土佐国香美郡五百蔵

兵庫県三木市・明石、高知県香美市・高知市

五十子

イラコ
イソコ
イカゴ

六二〇人

武蔵国児玉郡五十子

東京都町田市、埼玉県狭山市

五十里

イカリ
イソリ

一二五〇人

越中国新川郡五十里

富山県下新川郡・富山市

五十部

イソベ

五七〇人

下野国足利郡五十部、太古の大族

栃木県佐野市、山口県山口市

五十右

イソウ
イミギ
イソミギ

二三〇人

駿河国発祥、焼津市宗高が本拠

静岡県志太郡大井川町

五十殿

オムカ
イソドノ

一二〇人

出雲発祥、太田市の五十猛から

島根県出雲市、大阪市

五十木

イカルギ
イソギ

四三〇人

上野発祥、鵤木《イカルギ》の転化

群馬県太田市

五十公野

イズミノ

三〇〇人

越後国沼垂郡五十公野

山形県西置賜郡、北海道

五老海

イサミ
ゴロウカイ

一〇〇人

備中発祥

岡山県県倉敷市、大阪府、東京都

五月女

サオトメ
ソウトメ

五九八〇人

下野国塩谷郡早乙女

栃木県宇都宮市、埼玉県羽生市

公文

クモン
コウブン

四五五〇人

播磨・美作の地名・公文がルーツ

高知県高知市・香美市

廿浦

ツヅウラ

一五〇人

武蔵発祥、二十をツヅラという

埼玉県蓮田市

廿野

ツヅノ

一四〇人

武蔵発祥、二十をツヅラという

埼玉県南埼玉郡・越谷市

廿楽

ツヅラ

七四〇人

武蔵発祥、二十をツヅラという

埼玉県桶川市・上尾市

仁見

ヒトミ

一九〇人

下野発祥？

栃木県小山市

双木

ナミキ
フタギ

六二〇人

上野発祥、秩父郡双木、並木に通ず

埼玉県入間郡・飯能市

月出

ヒタチ
ツキデ

一一〇人

月の出より発祥

静岡県伊豆地方、山口県

月見里

ツキミサト
ヤマナシ

二四〇人

山がないと月見が良いの意

静岡県静岡市、千葉県松戸市

手登根
テドコン
テトネ
五四〇人
沖縄県の地名由来
沖縄県浦添市・宮古島市

手老
テロウ
テオイ
二四〇人
伊豆国君沢郡多呂、多呂に通ず
静岡県伊豆地方

天勝
アマカツ
テンカツ
チヨシ
一〇〇人
越前発祥、千葉氏の裔、神職にあり
福井県越前市・福井市、石川県

天願
テンガン
一〇四〇人
沖縄県の地名由来
沖縄県うるま市

天春
アマカス
二九〇人
甘粕の転化、春日をカスガと読むことから
三重県四日市市

戸次

ベッキ
トツギ
ヘツギ

一五七〇人

豊後国大分郡戸次

福岡県福岡市・北九州市、大分県大分市周辺

戸来

ヘライ
トライ

一九二〇人

陸奥国三戸郡戸来

岩手県花巻市太田、青森県八戸市・十和田市周辺

中軽米

ナカカルマイ

一一〇人

陸中国九戸郡軽米

岩手県八幡平市

日下

クサカ
ヒシタ
ヒシモ

二三三六〇人

古代姓・日下宿禰の裔

宮城県仙台市・白石市、北海道

日下石

ニッケシ
クサカイ

一一〇人

古代姓・日下と同祖、

東京、宮城、福島等東・北日本に広く

日馬

クサマ
ヒウマ

七六〇人

信濃国高井郡草間、草間の変化

新潟県糸魚川市

日当

ヒナタ
ヒアタリ

九七〇人

豊後国大野郡日当

岩手県九戸郡・久慈市

日外

アグイ

一三〇人

御花園院の裔・日外親王の裔

兵庫県淡路地方

日向

ヒナタ
ヒュウガ
ヒムカイ

一二六三〇人

古代姓・日向国造の裔

山梨県都留市、長野県佐久市、北海道、埼玉

日紫喜

ヒシキ

一二二〇人

鋳工が秀吉から与えられた姓

三重県いなべ市

日置

ヒオキ
ヘキ
ヒキ

一〇八一〇人

古代姓・日置氏の子孫

岐阜県郡上市、愛知県一宮市、三重県津市

太秦

ウズマサ

五〇人

渡来人・秦氏族

大阪、兵庫等関西に

太郎良

タロウラ
タロウ

三五〇人

豊前発祥、太郎浦と同祖？

福岡県糟屋郡、大分県日田市

太細

タサイ
ダサイ

二四〇人

大宰府官人の裔・太宰と同祖？

北海道伊達市

文

カザリ
フミ
ブン

七六〇人

古代姓・文宿禰等の後裔、渡来人系

大阪、兵庫等の関西の都市部と東京

水
ミズ
四九〇人
出雲発祥、水の有り難さを苗字に
島根県簸川郡斐川町・出雲市

水流
ツル
ミズナガ
二四六〇人
薩摩国出水郡水流
鹿児島県に広く

水溜
ミズタマリ
ミズタメ
八一〇人
薩摩発祥の地形姓
鹿児島県指宿市

水掫
モンドリ
ミズトリ
一二〇人
古代姓・水取宿禰等と同祖
奈良県五條市

六車
ムグルマ
ロクシャ
四三〇〇人
讃岐に豪族あり、六車城が存す
香川県さぬき市

六平

ムサカ
ロクヒラ

二八〇人

羽後発祥、平氏落人の六つ赤の転化

秋田県にかほ市

分目

ワケメ
ワンメ

一三〇人

上総国市原郡分目

千葉県木更津市曽根・君津市

石榑

イシグレ

一二九〇人

伊勢国員弁郡石榑

岐阜県岐阜市

石徹白

イトシロ
イシドシロ

二九〇人

越前国大野郡石徹白

岐阜県郡上市周辺

石動

イシドウ
イスルギ

八四〇人

越後弥彦神社社家

富山県富山市、青森県

可児

カニ
カゴ
カジ

六九〇〇人

美濃国可児郡可児

岐阜県可児市周辺

穴太

アノウ

八〇人

古代姓・穴太君等、漢帰化人の姓

石川県金沢市、京都府

北郷

ホンゴウ
キタゴウ
キタザト

二六三〇人

日向国諸県郡北郷

福島県いわき市

巨勢

コセ

一四〇人

大和国高市郡巨勢

島根県太田市・雲南市、東京、岐阜

巨海

コミ
オオミ
コウミ

一三〇人

三河国幡豆郡巨海

和歌山県田辺市

巨椋　オグラ
八〇人
京都の地名由来
滋賀県長浜市

功刀　クヌギ
三六五〇人
甲斐国巨摩郡功刀
山梨県韮崎市・甲府市・南アルプス市

去来川　イサカワ
二四〇人
播磨発祥、砂川・率川に通ず
兵庫県姫路市・加西市

白　ハク　シロ　ツクモ
五二〇人
高麗帰化族の姓
東京・大阪・兵庫等都市部に広く

外立　ハシダテ　ソトダテ
四五〇人
越後国頸城郡橋立、橋立に通ず
新潟県上越市

外枦保

ソトヘボ

一五〇人

日向発祥、門割り制度の外枦保門由来

宮崎県宮崎市・都城市

田家

タヤ

タンゲ

タケ

一四一〇人

田屋・田谷等に通ず、各地にあり

茨城県東茨城郡、京都府京丹後市

田伐

タギリ

一九〇人

信濃国伊那郡田切と関係あるか？

大阪府大東市・寝屋川市

田結庄

タイノショウ

タユイノショウ

一一〇人

但馬国城崎郡田結庄

兵庫県豊岡市

田米開

タメガイ

一四〇人

上野国佐位郡田部井《ためがい》

栃木県足利市

立身
タツミ
一五〇人
辰巳等と同意の方位姓
宮城・岩手・北海道等東北地方に広く

台
ダイ
ウテナ
一七〇〇人
渡来系古代姓・台直等
埼玉県北埼玉郡周辺

玉代勢
タマヨセ
五〇〇人
沖縄県の地名由来
沖縄県石垣市・那覇市等南部

旦尾
アサオ
アケオ
九〇人
吉尾と同意
北海道釧路市・函館市

旦部
タンベ
タンボ
一二〇人
河内国発祥の丹部と同祖
大分県豊後高田市周辺

司辻

カサツジ

九〇人

若狭発祥？「ツカサ」の「ツ」脱落

福井県丹生市

包国

カネクニ

一八〇人

土佐国安芸郡包国

高知県安芸市

出納

スイトウ
デノウ

三六〇人

職名由来

大分県佐伯市

出田

イデタ
イズタ
デタ

四〇八〇人

肥後国菊池郡出田

熊本県熊本市、兵庫県たつの市、福岡県久留米市

永穂

ナガホ
ナンゴウ

九〇人

紀伊国名草郡永穂

兵庫県西宮市、和歌山県和歌山市、大阪市

屶網

ナタミ
ナタアミ

一四〇人

能登発祥

石川県羽咋市

生川

ナルカワ
オイカワ
イクカワ

三一一〇人

但馬国城崎郡及川、及川に通ず

三重県四日市市・鈴鹿市

生出

オイデ
オイズル

二〇九〇人

陸奥国気仙郡生出

宮城県石巻市、北海道

生原

ハイバラ
イクハラ

七〇〇人

甲斐国山梨郡の名族

山梨県笛吹市

生熊

イクマ

一一六〇人

丹後に名族、三河国加茂郡伊熊

静岡県浜松市

生内

オボナイ
ショウナイ
ハエウチ

五〇〇人

羽後国由利郡の豪族

岩手県紫波郡・盛岡市

生水

オミズ
ショウズ

五五〇人

加賀国江沼郡生水

石川県加賀市・小松市、岡山県倉敷市、北海道

生頭

ショウズ

一三〇人

常陸発祥？

茨城県水戸市

生田目

ナマタメ
ナバタメ
イクタメ

五一四〇人

下野国芳賀郡生田目

福島県いわき市・石川郡、茨城県日立市周辺

生明

アザミ

二〇〇人

武蔵国児玉郡入浅見

埼玉県羽生市

生悦住

イケズミ
イケエズミ

一二〇人

伊賀発祥

三重県名張市

生城山

フキノ

九〇人

上総発祥？　吹野に通ず

千葉県長生郡

生天目

ナマタメ
ナバタメ

一〇五〇人

生田目に通ず

茨城県笠間市周辺、福島県田村郡

生越

オゴセ
オコシ
オオコシ

一三〇〇人

上野国勢多郡生越

新潟県十日町市下条、島根県大田市長久手町

主代

ヌシロ

二七〇人

上野国発祥？

群馬県前橋市

布袋
ホテイ
フテイ
ホウタイ
六七〇人
越中国砺波郡布袋
兵庫・大阪・和歌山・鹿児島等西日本に広く

布袋田
ホテイダ
一〇〇人
下野発祥
栃木県下野市、埼玉県

布袋屋
ホテヤ
ホテイヤ
一一〇人
屋号由来
秋田県大館市

母良田
ホロタ
二三〇人
陸奥発祥、母良・母衣・褒は崖地の意
青森県十和田市

半井
ナカライ
ハンイ
七八〇人
和気明親の子孫
大阪府岸和田市、京都市、東京

左部

サトリ
サブ

一八〇人

佐分《さぶり》に通ず

群馬県沼田市、大阪、石川県

左右田

ソウダ
サユウダ
サウダ

一六一〇人

公家・洞院家流

愛知県幡豆郡・額田郡

左雨

サッサ

一一〇人

佐々に通ず

福島県喜多方市・会津若松市

古閑

コガ

六九一〇人

肥後国各地の古閑

熊本県熊本市周辺

古結

コケツ
ココユウ

三九〇人

摂津発祥

兵庫県伊丹市

古郡

フルゴオリ
フルコリ

三二〇〇人

甲斐国都留郡古郡

静岡県富士市周辺、神奈川県

古田土

コダト
コダッチ

一〇五〇人

栃木県芳賀郡茂木町小田戸から

茨城県常陸大宮市・那珂市、栃木県宇都宮市

古波蔵

コハグラ
カバクラ

一三三〇人

沖縄県の地名由来

沖縄県宜野湾市・那覇市・浦添市周辺

平等

タイラ
ヒラトウ

三五〇人

越前国丹生郡平等

福井県鯖江市、富山県富山市、北海道

平和

ヒラワ

二〇〇人

丹後発祥

京都府綾部市、兵庫県、大阪

平郡
ヘグリ
ヒラゴオリ
一一一〇人
日向国児湯郡平郡
兵庫県加古郡、宮崎県西都市周辺

平安名
ヘンナ
ヘアンナ
七五〇人
沖縄県の地名由来
沖縄県うるま市・宜野湾市

辺
ホトリ
一〇〇人
朝鮮からの渡来姓
島根県浜田市津摩町

辺土名
ヘントナ
八三〇人
沖縄県の地名由来
沖縄県沖縄市周辺

辺春
ヘバル
ベハル
一四〇人
筑後国上妻郡辺春
福岡県みやま市、熊本県

本位田
ホンイデン
一九〇人
播磨国佐用郡本位田
岡山県美作市、兵庫県姫路市

正月
マサツキ
ショウゲツ
ムヅキ
二二〇人
西日本の正月の呼び名由来
山口・広島・愛媛等西日本に広く

目
サッカ
サガン
六五〇人
古代の官位名、属・粟冠等もある
山口県宇部市・山陽小野田市、大阪府泉佐野市

目取真
メドルマ
メトリマ
四一〇人
沖縄県の地名由来
沖縄県うるま市

目羅
メラ
三二〇人
上総発祥、各地に米良・目良等も
千葉県勝浦市

匝瑳

ソウサ

一三〇人

下総国匝瑳郡

千葉県成田市

奴留湯

ヌルユ

一二〇人

豊後発祥、大友氏族

大分県由布市、熊本県阿蘇郡

四方田

ヨモダ
シホタ

一九二〇人

武蔵国児玉郡四方田

埼玉県秩父郡・児玉郡周辺

四十万

シジマ
シズマ

三八〇人

加賀国石川郡四十万

富山県魚津市、石川県金沢市

四十九院

ツルシイン

五〇人

陸奥国伊達郡四十九院

宮城・北海道・千葉等北日本に広く

四十物

アイモノ

七六〇人

越中発祥、生物と干物の中間の意

富山県黒部市・下新川郡

四十八願

ヨイナラ　ヨソナラ

一七〇人

下野国都賀郡四十八願

栃木県佐野市周辺

四十沢

アイザワ　ヨソザワ

一一〇人

越中発祥、四十姓の一つ

石川県輪島市、千葉県

四十住

アイズミ　ヨソズミ

二三〇人

越中発祥、四十姓の一つ

富山県氷見市

四十谷

アイタニ

一二〇人

越前国坂井郡四十谷

富山県富山市

四月朔日
ワタヌキ
ツボミ
二〇〇人
綿貫に通ず、四月に暖かくなるの意
北海道旭川市、石川県金沢市、富山県

辻子
ツジコ
ズシ
二九〇人
摂津国島上郡辻子
福井県敦賀市、大阪府東大阪市、京都市

当麻
トウマ
タイマ
二五六〇人
大和国葛下郡当麻
東京都東村山市、奈良県大和高田市

当銘
トウメ
二五〇〇人
沖縄県の地名由来
沖縄県豊見城市周辺

有働
ウドウ
アリドウ
三九七〇人
肥後の名族、天智天皇からの下賜姓
熊本県山鹿市周辺、福岡県大牟田市・北九州市

圷

アクツ

三四七〇人

常陸国那珂郡圷

茨城県常陸大宮市周辺

安居院

アグイ

五〇〇人

桓武平氏高棟王の流れ

神奈川県秦野市・平塚市

安曇

アズミ

二五〇〇人

古代姓・安曇宿禰の裔

宮城県黒川郡・仙台市、北海道

安宅

アタカ
アタギ
アタケ

四三七〇人

加賀国能美郡安宅、紀伊国にも

秋田県能代市、北海道

安心院

アジミ
アジム

五八〇人

豊前国宇佐郡安心院

大分県日田市

安栖

ヤスズミ
アズマイ
アズミ

二七〇人

陸中国安栖郡か？

鹿児島県霧島市

安次富

アシトミ
アジトミ

一一一〇人

沖縄県の地名由来

沖縄県那覇市周辺

亥角

イスミ
キスミ

一一〇人

丹後発祥

兵庫県西宮市、山口県宇部市

行天

ギョウテン

六四〇人

讃岐発祥

香川県観音寺市周辺

行方

ナメカタ
ユキカタ

三四二〇人

常陸国行方郡

千葉県山武郡・香取市

行木

ナメキ
ナミキ
ユウキ

二二〇〇人

山陰の豪族

千葉県東金市・山武郡・千葉市周辺

戊亥

イヌイ

五七〇人

大和発祥、方位姓

奈良県吉野郡周辺

色摩

シカマ

一二九〇人

陸前国香美郡色摩

山形県米沢市・長井市周辺

印口

オシグチ

一四〇人

薩摩発祥、鹿児島県日置

鹿児島県日置市、福岡県

印出井

インデイ

一四〇人

上野国都賀郡印出井、出井に通ず

栃木県宇都宮市周辺

印牧
カナマキ
インマキ
八八〇人
加賀発祥、加賀藩に存す
福井県大野市周辺、北海道

宇留賀
ウルガ
五一〇人
信濃国安曇郡宇留賀
長野県松本市・安曇野市

艮
ウシトラ
二一〇人
河内発祥、方位性
大阪府大東市周辺

江井
エネイ
エイ
五六〇人
磐城国行方郡江井
福島県南相馬市

夷
エビス
一七〇人
夷神社の有る所から
兵庫・大阪・高知等西日本に広く

夷藤

イトウ

一九〇人

加賀発祥、夷神社神職と藤原氏の結合

石川県河内郡

吉新

ヨシアラ

五五〇人

下野発祥、吉荒に通ず

栃木県日光市

吉柳

キリュウ
ヨシヤナギ

四〇〇人

筑前発祥

福岡県宮若市・飯塚市周辺

朽網

クタミ
クチアミ

一九〇人

豊前国企救郡朽網

福岡県八女市

刑部

オサベ
オサカベ
ギョウブ

三三七〇人

古代・刑部省の官人名、下野に地名

静岡県浜松市、愛知県名古屋市

交告

コウケツ
コウコク

三二三〇人

美濃国可児郡久々利、纐纈と同祖

岐阜県加茂郡・中津川市周辺

米良

メラ
ヨネナガ

二九七〇人

日向国児湯郡米良

宮崎県宮崎市・東臼杵郡周辺

米玉利

ヨネタマリ

二〇〇人

鹿児島県指宿市米玉利

鹿児島県鹿児島市

舌古

ゼッコ

一一〇人

伊勢発祥、渡会市南伊勢町が本拠

三重県渡会市

朱通

シュコウ
シュドウ

一四〇人

東京都青梅市小曽木が本拠

東京都青梅市周辺

朱雀
スジャク
スザク
二四〇人
山城国葛野郡朱雀
福岡県前原市周辺

先生
センジョウ
一四〇人
東宮警備・帯刀の長の意
静岡県静岡市・牧之原市

仲村渠
ナカンダカリ
ナカンダカレ
二一五〇人
沖縄県の地名由来
沖縄県中頭郡・那覇市周辺

西表
イリオモテ
ニシオモテ
四〇〇人
沖縄県の地名由来（西をイリという）
沖縄県石垣市

西海枝
サイカチ
サイカイシ
九〇人
陸奥国耶麻郡西海枝
岩手県盛岡市

西風
ニシカゼ
ナライ
三六〇人
陸奥国遠野郡西風館
大阪市、和歌山県伊都郡、香川県丸亀市

任田
トウダ
ニンダ
六四〇人
加賀国能美郡任田
石川県白山市・金沢市・小松市、北海道

吐師
ハシ
ハジ
一三〇人
土師と通ず
宮崎県東諸県郡

羽中田
ハチュウダ
ハナタカ
五〇〇人
加賀の名族
山梨県甲斐市・甲府市・笛吹市

光来出
ミツクデ
ミツキデ
一四〇人
豊後発祥？
大分県杵築市

百目鬼

ドウメキ
ドメキ

八〇〇人

常陸発祥、百目木に通ず

茨城県筑西市、栃木県宇都宮市

百々

ドド
モモ
ドウドウ

二八三〇人

近江国、陸奥国に地名あり

宮城県柴田郡・石巻市

百目木

ドメキ
ドウメキ

三五〇人

陸奥国三戸郡百目木

青森県八戸市

百鬼

ナキリ

二四〇人

遠江発祥、鬼を撫で切った恩賞姓

静岡県磐田市

百相

モアイ
モマイ

一三〇人

讃岐国香川郡百相

香川県善通寺市・高松市

百武
ヒャクタケ
モモタケ
三四八〇人
肥前の名族・武勇百人の意
佐賀県佐賀市・杵島郡周辺

百足
ムカデ
モモタリ
三二〇人
近江の商人発祥、足はお金の意
宮城県仙台市、福島県西白河郡

百鳥
モモドリ
ヒャクトリ
三三〇人
中臣鎌足の天智天皇からの下賜姓
京都府宮津市、岩手県九戸郡

朴木
ホオノキ
フノキ
一六一〇人
伊勢の豪族、鹿児島に地名あり
富山県射水市・富山市、鹿児島霧島市

朴谷
ホオノキダニ
ホオヤ
一七〇人
越中国新川郡朴谷
富山県黒部市

亘
ワタリ
ワタル
一六四〇人
陸奥国亘理郡亘理
茨城県常陸大宮市、千葉県香取市、長野県千曲市

因泥
インデイ
一五〇人
越中発祥と伝わる
茨城県古河市前林

虫明
ムシアケ
ムシアキ
一一四〇人
備前国邑久郡虫明
岡山県岡山市・倉敷市

向明戸
ムカイアケド
一五〇人
陸中発祥、八戸市に明戸地名あり
岩手県九戸郡、青森県八戸市

曲
マガリ
四九〇人
各地の曲地名由来
大分県大分市、富山県氷見市、大阪、東京

守随

シュズイ

一一〇人

徳川家康からの下賜姓

東京都、三重県、神奈川県、静岡県、栃木県

合瀬

オウセ
ゴウセ

二二〇人

佐賀県佐賀市富士町合瀬

佐賀県佐賀市富士町・成章町周辺

位田

インデン
イダ
クラタ

二三〇〇人

丹波国何鹿郡位田

三重県三重郡・四日市市、兵庫県姫路市、愛知県

位高

イタカ
ヤゴト

一九〇人

菅原道真の裔と言う、信濃発祥？

長野県飯田市、兵庫県淡路地方、愛知県

赤代

シャクシロ

一五〇人

美作発祥？

赤松姓の異形

岡山県英田郡

赤広

アコウ

一四〇人

信濃発祥、長野県駒ケ根市赤穂から

長野県松本市

赤藤

アカフジ
シャクトウ

三四〇人

播磨発祥、製鉄に関わった藤原氏族

兵庫県姫路市

芥田

アクタ

三三〇人

播磨国飾磨郡芥田

静岡県磐田市、宮崎県

芥川

アクタガワ

四七〇〇人

摂津国島上郡芥川

熊本県宇土市・熊本市、静岡県磐田市、福島市

芥子

ケシ

二一〇人

岡山県西大寺市に芥子山あり、芥子の取れる所

大阪市住吉区・住之江区

芥子川

ケシカワ

一三〇人

美濃発祥

岐阜県羽島市

尾留川

オルカワ
ビルカワ

七二〇人

加賀の蛭川に通ず

秋田県由利本荘市

尾登

オノボリ
オト

五七〇人

相模発祥？

神奈川県足柄郡松田町

角力山

スモウヤマ
スモヤマ

八〇人

陸前発祥、山形県・福島県に角力山あり

北海道紋別市、宮城県塩釜市周辺

角鹿

ツノガ
カドシカ

三五〇人

越前国角鹿

青森県上北郡野辺地町、北海道

角南

スナミ
ツナミ

三一二〇人

美作国英田郡角南

岡山県倉敷市周辺

完倉

カンクラ
シシクラ

一一〇人

常陸国茨城郡完倉

千葉県船橋市周辺

完戸

シシド
カンド

一四〇人

常陸国茨城郡宍戸

山形県東置賜郡、千葉県館山市、広島県三次市

君家

オオヤ
キミヤ

一〇〇人

河内発祥、大宅・大屋・大家に通ず

大阪府枚方市

皀

サイカチ
クロコメ

一三〇人

漢からの帰化人の姓

岩手県久慈市

呉服
ゴフク
クレハ
一二〇人
古代の職業姓・呉服部の裔
全国に広く分布

児野
チゴノ
コノ
三四〇人
信濃国木曽郡に庄屋あり
長野県木曽郡・塩尻市

杠
ユズリハ
一二四〇人
肥前国神崎郡杠山
佐賀県佐賀市、島根県仁多郡奥出雲町・松江市

志甫
シホ
シオ
四四〇人
越中発祥？　塩の転化
富山県富山市

佐々布
サソウ
ササフ
一四〇人
出雲国意宇郡佐々布
宮城県栗原市、北海道、東京

佐怒賀

サヌガ

五五〇人

下総発祥、古代に佐怒王あり

茨城県猿島郡境町

沙魚川

ハセガワ
ハゼカワ

二〇〇人

越中発祥？　長谷川の変化

富山県高岡市

更科

サラシナ
コウカ

一四三〇人

更級と同祖

新潟県燕市周辺、北海道

更級

サラシナ

一三〇人

信濃国更級郡

長野県長野市、新潟県

更田

フケタ
サラタ
コウダ

三八〇人

伯耆発祥？　更の田＝新田の意

鳥取県東伯郡、富山県、京都府

沢岻
タクシ
サワシ
七一〇人
沖縄県の地名由来
沖縄県南部

沢良木
サワラギ
一一〇人
摂津国島上郡沢良木
高知県四万十市周辺

悴田
カセダ
スイタ
八四〇人
上野国発祥？
高崎市・安中市周辺に

悴山
カセヤマ
二五〇人
讃岐発祥
香川県さぬき市・高松市

杣
ソマ
四六〇人
木こりの意
岩手・兵庫・福岡等全国に広く

杣木
ソマキ
三四〇人
越後国蒲原郡杣木
新潟県燕市、大阪府高槻市、東京

杣田
ソマタ
三一〇人
伊予国野間郡杣田
京都府南丹市、富山県富山市、三重県名張市

杣友
ソマトモ
二三〇人
阿波発祥
徳島県阿南市、大阪府

汰木
ユルキ
一一〇人
大隅発祥
鹿児島県始良郡

谷利
タニカガ
セリ
タニトシ
二三〇人
滋賀県の芹川由来
京都府、滋賀県米原市

杜若

カキツバタ

一〇〇人

三河国八名郡杜若

宮崎県西臼杵郡、京都府

何

ガ
カガ

二九〇人

高麗帰化人の姓

東京都、神奈川県横浜市中区

禿

カムロ
トク

三五〇人

神室《かみむろ》の短縮？

熊本県阿蘇郡

走川

ソガワ
ハセガワ
ハシリカワ

一八〇人

阿波発祥？　長谷川の転化

徳島県那賀郡

走出

ハシリデ
ソデ

二七〇人

石川・新潟・岡山等に地名あり

北海道、石川県珠洲市、兵庫県

吹留

フキドメ
ヒイドメ

二九〇人

薩摩発祥、福留の転化

鹿児島県指宿市

別役

ベッチャク
ベツヤク

一二八〇

土佐国香美郡別役

高知県香美市・高知市周辺

甫喜本

ホキモト

一三〇人

土佐国長岡郡甫喜山由来

高知県高岡郡・四万十市周辺

芳士戸

ホウシド

一四〇人

下野国芳賀郡芳志戸

栃木県真岡市

防村

ヨケムラ

一五〇人

群馬県伊勢崎市除村発祥、除村の異形

群馬県富岡市

吽野
ウンノ

五〇〇人

常陸発祥、海野の変化

茨城県那珂市

舛甚
マスノ

一五〇人

岩見に名族、増野の変化？

青森県五所川原市周辺、北海道

妙中
タエナカ

四三〇人

紀伊発祥の井谷と同祖

和歌山県伊都郡・橋本市、大阪府、奈良県

村主
スグリ
ムラヌシ

一五〇〇人

渡来豪族・首長の意

三重県津市・伊賀市、東京都杉並区

杢保
モクボ
モクヤス

二二〇人

阿波発祥？　杢は大工の意

徳島県板野郡

余頃

ヨゴロ

二九〇人

安芸国賀茂郡横路、横路に通ず

広島県三原市、兵庫県

来住

ライジュウ

キズミ

キシ

一二〇〇人

愛媛県松山市に地名あり

兵庫県西脇市、宮崎県都城市

来栖

クルス

三一〇〇人

常陸国新治郡来栖

茨城県土浦市・笠間市周辺、千葉県旭市

来海

キマチ

クルミ

五三〇人

出雲国意宇郡来海

島根県米子市周辺、鳥取県松江市・出雲市

来住野

キシノ

キスノ

キスミノ

三六〇人

岸野・木住野と同意

東京都あきる野市

来須

クルス
クス
ライス

二九〇人

来栖と同祖？

島根県浜田市、埼玉県

来次

キスキ

一一〇人

出雲国大原郡来次

山形県米沢市

来間

クリマ
クルマ
ライマ

一二七〇人

沖縄は地名由来、島根は栗間の転化

沖縄県宮古島市、島根県出雲市

来村

キムラ
キタムラ

一七〇人

北村に通ず

兵庫県小野市、佐賀県唐津市

利田

カガタ
トシダ

九四〇人

越中国新川郡利田

富山県富山市、京都府南部、大阪府

利部
カガブ
トシブ
五五〇人
羽後発祥？　加賀に通ず
秋田県秋田市

冷牟田
ヒヤムタ
二九〇人
筑後発祥、牟田＝沼田の意
福岡県中間市・北九州市

冷泉
レイゼイ
レイゼン
二二〇人
公家に冷泉家あり、天皇からの下賜姓
山口県下関市、京都府宇治市、広島県

我那覇
ガナハ
二三一〇人
沖縄県の地名由来
沖縄県那覇市・浦添市周辺

我如古
ガネコ
ガニコ
一五八〇人
沖縄県の地名由来
沖縄県宜野湾市・那覇市周辺

我満

ガマン
ワガミツ

九二〇人

駿河の岩淵氏が陸奥に転じて我満に改姓

青森県青森市

私市

キサイチ
シイチ

五六〇人

開化帝皇子の裔、武蔵七党に

東京都あきる野市

吾田

アズタ
ゴタ

四〇〇人

越前発祥、福井県勝山市保田が本拠

福井県勝山市・福井市、北海道日高市

狄守

イズモリ

四三〇人

陸奥国発祥、狄は犬が噛むの意

青森県八戸市

阿知良

アチラ

一四〇人

加賀発祥、川の向こう側を呼んだ当て字

北海道札幌市、石川県加賀市

阿閉
アトジ
六三〇人
近江国伊香郡阿閉
富山県中新川郡・富山市

阿武
アンノ
アブ
アタケ
二八〇〇人
長門国阿武郡
山口県萩市・山口市

青天目
ナバタメ
三四〇人
生田目と同祖
福島県いわき市に

明日
ヌクイ
アケヒ
五三〇人
伊予国越智郡明日
山形県東村山郡・山形市、愛媛県西条市

明楽
アキラ
ミョウラク
アケラ
四八〇人
紀伊発祥、幕臣に存す
和歌山県和歌山市、岡山県岡山市

明珍
ミョウチン
メイチン
六二〇人
甲冑師が近衛帝から与えられた姓
秋田県秋田市、東京都、福島県

明嵐
メアラシ
メイアラシ
一七〇人
越中発祥、嵐は荒地の意
富山県砺波市、北海道

明官
ミョウカン
一八〇人
富山市水橋入江の明官島由来
富山県富山市

姉歯
アネハ
二一〇人
陸奥国栗原郡姉歯
宮城県仙台市・栗原市、北海道

居石
スエイシ
オリイシ
一二八〇人
肥前発祥、佐賀県唐津市厳木町が本拠
佐賀県唐津市、福岡県久留米市

狗飼
イヌカイ
四五〇人
犬養に通ず
福島県伊達市周辺

狗巻
イヌマキ
四〇〇人
紀伊発祥、有田市千田が本拠
和歌山県有田市

妹尾
セノオ
セオ
二三一〇〇人
備中国都宇郡妹尾
岡山県倉敷市・岡山市、広島県福山市周辺、兵庫県

兎沢
トザワ
一一二〇人
陸中国岩手郡戸沢の戸沢に通ず
秋田県鹿角市

菟原
ウハラ
九〇人
摂津国菟原郡
兵庫県姫路市、岐阜県

兎本

ウモト

一九〇人

藤原氏族鵜本氏の裔

京都府木津川市

英

ハナブサ
アナタ

二七五〇人

加賀発祥、花房の当て字

石川県金沢市・河北郡

英賀

アガ
エイガ

一四〇人

播磨国飾磨郡英賀

兵庫県姫路市、大阪府

英保

アボ
エイホ
ハボ

二一〇人

播磨国飾磨郡英保、安保と同祖

兵庫県姫路市

於保

オホ
オボ
オイヤス

一一一〇人

肥前国佐嘉郡於保

佐賀県、福岡県福岡市・久留米市

空閑
クガ
クウカン
ソラシズ
二一〇〇人
肥前の豪族、古閑・古賀等に通ず
福岡県朝倉市・久留米市、佐賀県西松浦郡・佐賀市

金築
カネツキ
カネチク
二〇七〇人
出雲の地名発祥、備後の豪族
島根県出雲市

苛原
イラハラ
イハラ
二三〇人
阿波発祥、井原等に通ず
徳島県美馬市、東京都

押領司
オウリョウジ
七一〇人
薩摩発祥、職業姓・押領使と同じ
鹿児島県肝属郡・鹿児島市周辺、宮崎県

泓
フケ
フチ
一七〇人
山城発祥、低湿地の意、淵に通ず
長崎県長崎市・東彼杵郡、徳島県、岐阜県

苧坂

オサカ
ウサカ

五〇人

讃岐発祥、苧は麻の一種・カラムシ

香川県綾歌郡、京都府

苧坪

オツボ
ウツボ

八〇人

陸中発祥、苧の栽培に適した土地

岩手県九戸郡周辺、青森県

苧野

オノ
ウノ

九〇人

播磨発祥？　宇野の転化

兵庫県明石市、北海道、石川県

河南

カンナン
カワナミ

二一五〇

中国・河南省の帰化人姓

兵庫県篠山市、大阪府

杵鞭

キネムチ

五九〇人

越後発祥、杵渕に通ず

新潟県新潟市秋葉区

京

キョウ
カナドメ

七九〇人

藤原氏一族・京氏、栄えなかった

秋田県能代市、秋田県、長崎県五島市

祁答院

ケドウイン
キトウイン

三一〇人

薩摩国祁答院

鹿児島県薩摩郡さつま町、薩摩川内市

苣木

チサキ
スガキ

一六〇人

肥前国小城郡苣木

佐賀県唐津市、東京都

忽那

クツナ
コツナ

一五二〇人

伊予国風早郡忽那

愛媛県松山市

忽滑谷

ヌカリヤ

四七〇人

武蔵の名族、太平記の忽借屋一族

埼玉県入間郡・川越市

采女
ウネメ
二五二〇人
古代の職名・采女管理者
岡山県笠岡市、兵庫県丹波市

斉宮
イツキ
サイミヤ
二〇〇人
神社の斎宮《いつきのみや》
愛媛県今治市

茂古沼
モコヌマ
モコデ
三〇〇人
越中発祥、藤原氏の創姓
北海道十勝地方、富山県高岡市

茂田井
モタイ
四三〇人
武蔵国葛飾郡茂田井
新潟県柏崎市

舎利弗
トドロキ
一一〇人
轟木に通ず
群馬県大里郡

舎川

トネガワ
シャガワ

六一〇人

筑後発祥、利根川の異形

福岡県うきは市

周参見

スサミ

九〇人

紀伊国牟婁郡周参見

和歌山県有田市、大阪府、兵庫県

征矢

ソヤ
セイヤ

一八〇〇人

信濃国筑摩郡征矢野

長野県上伊那郡南箕輪村

征矢野

ソヤノ

四四〇人

信濃国筑摩郡征矢野

長野県上伊那郡周辺

粉

ヘギ
ソギ

二八〇人

豊前発祥、大分県中津市粉発祥

福岡県北九州市、大分県中津市

岨

ソワ
コヤマ

一七〇人

淡路発祥、断崖の意

兵庫県淡路地方、大阪府

岨野

ソワノ
ソノ

一一〇人

志摩発祥？　峙・峪・硲等と同意

三重県志摩市、大阪府

宝島

タカラシマ
ホウジマ

一七〇人

加賀藩士に存す、宝島伝説より

富山県中新川郡、山口県、石川県

宝示戸

ホウシド
ホジト

二〇〇人

芳志戸と同祖、法師人の意

栃木県下都賀郡

宝船

ホウセン

一二〇人

群馬県桐生市に宝島神社あり

群馬県前橋市、鹿児島県肝属郡

宝珠山
ホウシュヤマ
ホウシヤマ
四四〇人
筑前国上座郡宝珠山
大分県中津市・日田市、福岡県

武弓
タキュウ
タケユミ
二〇〇人
常陸国久慈郡武弓
茨城県ひたちなか市高場周辺

武者
ムシャ
タケバ
三一二〇人
信濃発祥、武田信玄の家臣にあり
宮城県仙台市・亘理郡、新潟県新発田市、北海道

知識
チシキ
六七〇人
薩摩国出水郡知識
鹿児島県薩摩川内市・鹿児島市

抽冬
ヌクトウ
一二〇人
貫渡の転化
大阪府堺市

長利

オサリ
ナガトシ
ナガリ

一三四〇人

秋田県鹿角市尾去由来

青森県北津軽郡・青森市周辺

長柄

ナガラ
ナガエ

一〇三〇人

加賀国河北郡長柄

岐阜県揖斐郡、京都府

直

ナオ
スナオ

四九〇人

古代の官名の一つ

鹿児島県大島郡、大阪府

妻鹿

メガ
ツマシカ
ツマカ

八八〇人

播磨国飾磨郡妻鹿

兵庫県姫路市

妻鳥

メンドリ
ツマトリ

一二一〇人

伊予国宇摩郡妻鳥

愛媛県四国中央市・新居浜市、北海道

毒島
ブスジマ
ドクシマ
一〇〇〇人
上野国発祥、トリカブトの毒付子の意
群馬県桐生市・伊勢崎市

苫米地
トマベチ
トマヨチ
二八〇〇人
陸奥国三戸郡苫米地
青森県十和田市周辺

取違
トリチガイ
トリイ
四一〇人
薩摩発祥、鳥井に通ず
鹿児島県南九州市

泥
ドロ
ナズミ
二九〇人
播磨発祥、姫路市豊富町が本拠
兵庫県姫路市

泥谷
ヒジヤ
一三三〇人
豊後国海部郡泥谷
大分県佐伯市・大分市、宮崎県児湯郡

泥寧

ヌカリ

一一〇人

陸中発祥？ 泥深いこと

岩手県九戸郡

波々伯部

ホホカベ
ホオカベ

三四〇人

丹波国多紀郡波々伯部

兵庫県篠山市、大阪府

波紫

ハシ

一五〇人

岩手県紫波郡の紫波を逆にした

岩手県岩手郡・盛岡市

枦

ハシ
ハゼ

五四〇人

薩摩発祥、阿久根市の門割り制度由来

鹿児島県阿久根市

枦木

ハシノキ
ハシキ
ハゼノキ

一一〇人

薩摩発祥

鹿児島県南九州市・鹿児島市

枦元

ハゼモト
ハシモト

三二〇人

薩摩発祥

鹿児島県日置市・鹿児島市

枦山

ハゼヤマ
ハシヤマ

一七五〇人

大隅発祥、日向に地名あり

鹿児島県鹿屋市・霧島市・鹿児島市周辺

枇榔

ビロウ
ヒロ

二五〇人

薩摩発祥、ヤシ科の植物名

鹿児島県鹿児島市

東江

アガリエ
トウエ
ヒガシエ

二八七〇人

東をアガリ、西をイリと言う

沖縄県那覇市南部

東風

コチ
ヒガシカゼ

二二〇人

春の東風をいう

広島県呉市、千葉県松戸市

東風谷
コチヤ
四二〇人
千葉県富津市東風谷、茨城県にもあり
千葉県野田市

東風平
コチンダ
コチヒラ
三六〇人
沖縄県の地名由来
沖縄県那覇市・宮古島市

東雲
シノノメ
六二〇人
明け方又は明り取りの篠の目の意
奈良県奈良市、北海道

東平
トウヘイ
ヒガシヒラ
トウヒラ
九二〇人
房総治乱記に見える
奈良県宇陀市周辺、千葉県市原市

東奥
ヒガシオク
アチオク
一〇〇人
奈良市、兵庫県丹波市等に地名あり
奈良県奈良市、京都府、岡山県

東恩納

トオノ
ヒガシオンナ
ヒガオンナ

一三七〇人

沖縄県の地名由来

沖縄県全域に

東伯

コチドマリ
ヒガシドマリ

一五〇人

薩摩発祥、東風泊の短縮

鹿児島県肝属郡

東明

トウミョウ
シノアキ

一三〇人

愛知・岐阜等に地名あり

大分県中津市、徳島県、福岡県、岐阜県岐阜市

法月

ノリヅキ

一七二〇人

香川に地名あり、聖なる月の意

静岡県焼津市・静岡市

法本

ホウモト
ノリモト

一五〇人

鳥取県米子市橋本が本拠、法元寺の僧の新姓

鳥取県米子市、福岡県北九州市、北海道

法師人

ホウシト
ホシト

三八〇人

芳志戸に通ず

栃木県真岡市・芳賀郡

法橋

ホッキョウ
ホウハシ
ノリハシ

五七〇人

僧の位の一つ

大阪府和泉市

法村

ノリムラ
ホウムラ

七五〇人

紀伊発祥、後に長崎県上五島に移る

長崎県南松浦郡

法華津

ホケツ
ホッケツ
ホカツ

二〇〇人

伊予国宇和郡法華津

大分県大分市

枋木

コボノキ
トチギ
カキノキ

一五〇人

陸奥の地名由来

青森県上北郡

杏田
マッタ
マツダ
一〇〇人
松田の変化
兵庫・大阪・京都・福井・滋賀の五県に集中

的山
アズチ
マトヤマ
二三〇人
長崎県平戸市にあり
兵庫県姫路市

物袋
モッテ
二四〇人
鹿児島県指宿市物袋
鹿児島県指宿市

門叶
トガ
トガノ
トカナイ
一九〇人
戸叶の変化
埼玉県熊谷市

弥勒
ミロク
二三〇人
各地の弥勒地名由来
鹿児島県霧島市周辺

怡土
イト
二七〇人
筑前国怡土郡
福岡県久留米市周辺

和食
ワジキ
二七〇人
土佐国安芸郡和食
高知県高知市・安芸市

和布浦
メウラ
ワフウラ
一二〇人
越前国坂井郡和布浦
石川県金沢市

和蛇田
ワジャタ
一一〇人
岩手県九戸郡九戸村和蛇田
岩手県九戸郡、北海道

茅根
チノネ
チネ
二九〇〇人
常陸国久慈郡茅根
茨城県常陸太田市

秋穂
アキホ
アイオ
三六〇人
周防国吉敷郡秋穂
福岡県嘉麻市、青森県南津軽郡

茜谷
アカネヤ
アカネタニ
二〇〇人
出羽国の商人の屋号由来
秋田県秋田市周辺、山形県

県
アガタ
三八〇〇人
古代姓の官位の一つ
静岡県浜松市・掛川市、長野県大町市、愛知県

祇園
ギオン
七三〇人
諸国の祇園由来
岡山県岡谷市・瀬戸内市

林郷
リンゴウ
一七〇人
陸中国九戸郡林郷
青森県九戸郡大野村

秋鹿
アイガ
アキシカ
四一〇人
出雲国秋鹿郡
島根県松江市、鳥取県米子市

虻川
アブカワ
二九二〇人
羽後国秋田郡虻川
秋田県大館市、北海道

牲川
ニエカワ
セガワ
一八〇人
紀伊国伊都郡の豪族
和歌山県、兵庫県宍粟郡、大阪府

泉妻
イズノメ
一八〇人
山形県と福島県の地名の合成地名
山形県南陽市

泉二
モトジ
一一〇人
薩摩発祥、本地の転化、各地にあり
鹿児島県奄美大島

泉水
センスイ
イズミ
二五〇〇人
上総国夷隅郡泉水
千葉県市原市・木更津市

茨田
バラダ
イバタ
イバラダ
六一〇〇人
河内国茨田郡
東京都大田区、神奈川県

後原
セドハラ
アトハラ
ウシロハラ
二五〇〇人
安芸国佐伯郡後原
広島県安芸郡、鳥取県

後久保
セトクボ
アトクボ
八〇〇人
不詳、福島県・青森県等に地名あり
広島県呉市

姥
ウバ
五三〇〇人
薩摩発祥、山姥伝説の地名より
鹿児島県南薩摩郡

姥貝
ウバガイ
二五〇人
下野国芳賀郡祖母井《うばがい》
茨城県潮来市、長野県松本市

姶良
アイラ
一二〇人
大隅国始良郡始良
鹿児島県鹿児島市、宮崎県小林市

音揃
オンゾロ
オトゾロ
一二〇人
秀吉から与えられた姓
大阪府岸和田市・堺市

音琴
ネゴト
オトゴト
一四〇人
肥前国彼杵郡大音琴
長崎県長崎市・大村市

架谷
ハサタニ
カヤ
ハサヤ
四九〇人
加賀発祥、波佐谷と同祖
石川県かほく市・金沢市

神志那

コウシナ
カミシナ

五六〇人

豊後発祥、神品と同祖

大分県豊後大野市

風祭

カザマツリ

三六〇人

相模国足柄下郡風祭

東京都練馬区

炬口

タケノクチ
タキグチ
タケグチ

二三〇人

淡路国津名郡炬口

兵庫県淡路地方

界外

カイゲ

一六〇人

伊賀国伊賀郡界外

三重県伊賀市

枷場

ハサバ
カバ
カキバ

二二〇人

加賀発祥？　波佐波の転化

石川県小松市・加賀市

神殿

コドノ
コウドノ
シンデン

一三〇人

奈良市・京都市・愛知等に地名あり

奈良県奈良市、広島県福山市

神初

ジンパチ
カミハツ

一二〇人

越中発祥

富山県高岡市

神家満

カミヤマ

六〇人

下野国芳賀郡上山に通ず

栃木県鹿沼市、埼玉県、東京都、千葉県

神足

コウタリ
カミアシ

八一〇人

山城国乙訓郡神足

兵庫県明石市、山口県周南市

狩集

カリアツマリ
カリアツメ
カリシュウ

七五〇人

鹿児島県日置市狩集

鹿児島県南薩摩市・鹿児島市

冠城
カブラギ

一二〇人

下総国匝瑳郡鏑木、鏑木と同祖

東京都板橋区、静岡県、埼玉県

粂井
クメイ

六九〇人

美作国久米郡、久米井に通ず

長野県松本市、兵庫県、福島県白河市

軍場
クサバ
グンバ

八〇人

戦場《いくさば》のイが欠落

山口県周南市・柳井市、福岡県、福井県

指宿
イブスキ

一八四〇人

薩摩国指宿郡

鹿児島県鹿児島市・霧島市、宮崎県都城市・小林市

柵木
マセギ
サクギ

一三〇〇人

三河発祥、欄と同祖

愛知県岡崎市

栅山

サクヤマ

三七〇人

下野国塩屋郡栅山、作山に通ず

岩手県岩手郡周辺、北海道

柞木

ユスノキ
ユズキ

二七〇人

鹿児島県南九州市川辺町が本拠

鹿児島県南九州市、宮崎県小林市・都城市

柞磨

タルマ

二二〇人

備後国芦田郡柞磨

広島県福山市

柞山

ホウサヤマ
サクヤマ

四四〇人

栅山・作山と同祖

富山県富山市

咜

サソウ

二八〇人

陸奥国北郡咜

青森県上北郡七戸町、北海道

咜埼
サソザキ
一八〇人
陸奥国北郡咜
青森県上北郡七戸町、北海道

品治
シナジ
シナハル
ホンジ
一五〇人
備後国品治郡、古代姓にあり
香川県坂出市・高松市

洙田
ナメダ
一三〇人
徳島県阿波市市場町が本拠
徳島県阿波市、北海道

重昆
カサヒ
八〇人
埼玉県児玉郡に地名あり
埼玉県児玉郡・本庄市

甚目
ハダメ
ジンメ
八〇人
尾張国海部郡甚目
愛知県海部郡

砂金
イサゴ
スナガネ
一八四〇人
陸奥国柴田郡砂金
宮城県仙台市・柴田郡、北海道

是津
ゼッツ
ゼツ
二〇〇人
隠岐発祥
島根県隠岐郡

政
ツカサ
マサ
一一〇〇人
奄美発祥
鹿児島県奄美諸島

政所
マンドコロ
マサドコロ
九〇〇人
各地の幕府の役所由来
愛媛県大洲市、鹿児島県、新潟県糸魚川市

祖母井
ウバガイ
ソボイ
五〇〇人
下野国芳賀郡祖母井
愛媛県大洲市・松山市

相楽

サガラ
サカラカ

三四七〇人

山城国相楽郡

福島県郡山市・須賀川市周辺

相知

オオチ
オウチ
ソウチ

三〇〇人

肥前国松浦郡相知

長崎県佐世保市

峙

ソワ

一三〇人

岨と同意、断崖の意

奈良県桜井市、大阪府、福岡県

津曲

ツマガリ

四二〇〇人

大隅国の地名由来

鹿児島県鹿児島市、宮崎県都城市

度会

ワタライ
ドアイ

八〇〇人

伊勢国度会郡

岐阜県恵那市

峠

トウゲ
タオ

三一六〇人

安芸国佐伯郡峠

大阪・広島・和歌山等西日本全域に広く

峠岡

ミネオカ
タオオカ

二三〇人

近江発祥

滋賀県近江八幡市

峠田

タオダ
トウゲダ

五〇〇人

紀伊国伊都郡垰田

広島県竹原市、岡山県新見市

峠本

タオモト
トウゲモト

二〇〇人

安芸国垰本

広島県安芸郡・広島市

栂

トガ
ツガ

七七〇人

泉国大島郡栂

島根県雲南市・松江市

栂瀬
トガセ
二六〇人
島根県安来市伯太町が本拠
島根県安来市、山形県山形市

栂野
トガノ
九三〇人
越前国足羽郡栂尾
島根県出雲市、和歌山県紀の川市、富山県富山市

栂村
ツガムラ
トガムラ
一六〇人
伊予発祥？
愛媛県松山市

信太
シダ
シンタ
ノブタ
三五八〇人
常陸国信太郡
秋田県山本郡・秋田市・能代市・横手市、北海道

則包
ノリカネ
六六〇人
讃岐発祥、法兼・則兼にも通ず
香川県三豊市

派谷
ハタチヤ

一四〇人

陸奥発祥

青森県西津軽郡

垪和
垪

ハガ
ハワ

三九〇人

美作国久米郡垪和

岡山県岡山市

美才治
ビサイジ
ミサイジ

二〇〇人

群馬県吾妻郡が本拠、美斉津と通ず

群馬県高崎市・吾妻郡

美斉津
ミサイスヅ

七〇〇人

信濃発祥

長野県小諸市

美甘
ミカモ

一三〇人

美作国真島郡美甘

岡山県岡山市・真庭市

美土路

ミドロ

二一〇人

美作国一宮神社の神官、名族

岡山県津山市、兵庫県

柊崎

フキザキ
クキザキ

一〇〇人

薩摩発祥、久木崎と同祖

宮崎県小林市、鹿児島県

柊平

クイビラ
クリヒラ

一〇〇人

鹿児島県薩摩川内市柊平

鹿児島県薩摩川内市

柊元

クイモト

一三〇人

大隅の名族・木久本と同祖

鹿児島県始良郡

柊山

フキヤマ
クイヤマ

一四〇人

日向発祥？

宮崎県えびの市・小林市

祝
イワイ
ホウリ
一七七〇人
古代の職名
新潟県佐渡市、鹿児島大島郡

盆子原
ボンコハラ
イチゴハラ
一〇一〇人
岩見発祥
島根県江津市

待鳥
マチドリ
マツトリ
一四三〇人
筑後国山門郡の名族
福岡県柳川市

朏島
ハイジマ
八〇人
相模発祥
神奈川県横浜市・平塚市

朏
ミカヅキ
三一〇人
三河発祥、月の出は三日月から
愛知県新城市、滋賀県

癸生川

ケブカワ
キブガワ

六八〇人

伊予国桑村郡癸生川

栃木県栃木市

南畝

ノウネン
ノウネ

一一〇人

播磨国飾磨郡南畝

兵庫県多可郡

南風野

ハエノ
ハイノ

八〇人

沖縄県の地名由来

沖縄県石垣市

南風原

ハエバラ
ハイバラ

四九〇人

沖縄県の地名由来

沖縄県石垣市・那覇市周辺

皆見

ミナミ
カイミ

一二六〇人

方位姓

大分県大分市、大阪府寝屋川市

面

オモテ
ホオツキ

五〇〇人

古代百済帰化族姓

石川県小松市

籾井

モミイ

一五一〇人

丹波国多紀郡籾井

福岡県嘉麻市

籾木

モミキ

六三〇人

日向国諸県郡籾木

宮崎県宮崎市・西都市

籾山

モミヤマ

五二六〇人

下野国の豪族

愛知県知多郡、秋田県男鹿市、栃木県足利市

屋嘉比

ヤカビ
ヤキビ
ヤガイ

九九〇人

沖縄県の地名由来

沖縄県那覇市周辺

柳楽

ナギラ

ヤナラク

二八三〇人

出雲発祥

島根県出雲市等出雲地方に

柚留木

ユルキ

二四〇人

万木と同祖？

熊本県下益城郡

弭間

ハズマ

ハジメ

二一〇人

羽前発祥、弓職人の姓

山形県鶴岡市大広、北海道

柘植

ツゲ

一二二〇〇人

伊賀国阿拜郡柘植

愛知県、岐阜県加茂郡・恵那市周辺

祢宜田

ネギタ

六九〇人

兵庫県洲本市五色町祢宜田

愛知県碧南市

祢津
ネツ
ネズ
九五〇人
信濃国小県郡祢津
長野県長野市・千曲市

莇
アザミ
四二〇人
武蔵国児玉郡入浅見
千葉県印旛郡、埼玉県越谷市、石川県

畔蒜
アビル
九五〇人
武蔵・下総の畔蒜地名由来
千葉県香取市

畔田
クロダ
アゼタ
八七〇人
越中婦負郡に旧家、農家の新姓
富山県富山市、千葉県勝浦市

畔柳
クロヤナギ
アゼヤナギ
五二〇〇人
紀伊国の黒柳氏の次男の創姓
愛知県岡崎市周辺

家老

カロウ
ケラ

一八〇人

越後発祥、計良（計量に従事した姓）の異形

新潟県長岡市

浮気

ウキ
フケ
ウキギ

一四〇人

近江国栗太郡浮気、湿地帯の意

滋賀県東近江市

埋橋

ウズハシ

四七〇人

信濃国筑摩郡埋橋

長野県伊那市

埋田

ウメダ

四〇〇人

古代姓にあり

静岡県袋井市

帯刀

タテワキ
オビナタ
タイトウ

一九一〇人

古代の職名

長野県安曇野市、大分県速見郡・大分市

狼谷

カメタニ
カミタニ

八〇人

紀伊発祥

和歌山県西牟婁郡

翁長

オナガ
オキナガ

三五三〇人

沖縄県の地名由来

沖縄県那覇市

栢木

カヤキ
カシワギ

一〇二〇人

近江国甲賀郡柏木、柏木の変化

大阪府岸和田市、宮崎県都城市、三重県津市

栢沼

カヤヌマ

五七〇人

相模国足柄上郡萱沼、萱沼の変化

神奈川県小田原市

栢野

カヤノ

九六〇人

近江国愛智郡萱野、萱野の変化

岡山県総社市

栢原

カヤハラ
カシハラ

六二〇人

古代姓・栢原公等

山口県周南市、大阪府岸和田市、岡山県

栢森

カヤモリ

七一〇

大和国高市郡栢森

新潟県加茂郡、静岡県富士市

釜萢

カマヤチ
カマヤツ

四六〇人

青森県黒石市沖浦釜萢

青森県青森市

栩内

トチナイ
トチウチ

二二〇人

陸中国和賀郡栃内、栃内に通ず

青森県南津軽郡

栩木

トチギ

五四〇人

下野国都賀郡栃木、栃木に通ず

静岡県清水市、広島県

栗花落
ツユ
ツユリ
五〇人
摂津国八部郡原野の名族
香川県小豆郡、兵庫県、島根県松江市

郡司掛
グンジカケ
一四〇人
古代の官名由来
福岡県豊前市

桔梗
キキョウ
五一〇人
桔梗根は薬草、各地の産地由来？
東京・大阪を始め広く分布

校條
メンジョウ
一六〇人
尾張国中島郡毛受と関係あるか
岐阜県多治見市

財部
タカラベ
ザイブ
二四〇〇人
大隅国財部院
鹿児島県鹿児島市・曽於市、宮崎県都城市

窄

サコ

一六〇人

肥前国松浦郡発祥、窄は狭いの意

長崎県五島列島

窄口

サコグチ

三〇〇人

肥前国松浦郡発祥

長崎県五島列島

窄中

サコナカ

一一〇人

肥前国松浦郡発祥

長崎県五島市

酒匂

サコウ
サカワ

四三〇人

相模国足柄下郡酒匂

鹿児島県鹿児島市

酒々井

スズイ
ササイ

八〇人

下総国印旛郡酒々井

岐阜県飛騨市

栈敷

サジキ
サンジキ

五一〇人

近江発祥

北海道小樽市、三重県いなべ市

栈

カケハシ

三八〇人

梯と同祖、土師氏という

北海道紋別市・北見市、長崎県長崎市

栈原

サジハラ

一三〇人

対馬発祥

長崎県対馬市

師井

モロイ

七六〇人

石見の名族、諸井の変形

山口県宇部市・山口市

時任

トキトウ

二八二〇人

日向国那珂郡時任

宮崎県都城市・小林市周辺、鹿児島県霧島市

従野
ヨリノ
一一〇人
備前発祥
岡山県和気郡・岡山市

凌
シノギ
一八〇人
篠木の転化、愛知県・岩手県に地名あり
神奈川県横浜市、佐賀県佐賀市、大分県大分市

純浦
スミウラ
二三〇人
鹿児島県薩摩川内市純浦
鹿児島県鹿屋市・鹿児島市

将積
ショウジャク
マサツミ
八〇人
兵庫県三木市口吉川町将積
兵庫県神戸市・三木市

真栄田
マエダ
一五六〇人
沖縄県の地名由来、前田の変化
沖縄県那覇市・名護市周辺

造酒

ミキ

二一〇人

古代の造酒司官の裔

長崎県島原市・雲仙市

降旗

フリハタ

三五四〇人

加賀国降旗庄

長野県松本市・大町市

降矢

フルヤ
フリヤ

二七〇〇人

甲斐の名族、古屋に通ず

山梨県上野原市・笛吹市、福島県郡山市

峪

サコ
タニ

二六〇人

紀伊発祥、峪、硲姓が多い

和歌山県新宮市・和歌山市

峪口

サコグチ

二四〇人

紀伊発祥

三重県熊野市

狸塚
マミヅカ
一〇〇人
上野国那波郡馬見塚の変化
栃木県大田原市

莨谷
タバコタニ
タバコヤ
八〇人
屋号由来？
京都府京都市、愛知県

珠久
シュク
一六〇人
滋賀県愛知郡が本拠、宿の異形
滋賀県愛知郡

流合
ハギエ
ハッケ
ナガレアイ
一五〇人
薩摩発祥
鹿児島県薩摩川内市・鹿屋市

流石
サスガ
一一四〇人
甲斐発祥、貴家に通ず
山梨県南都留郡富士河口湖町

夏伐
ナツギリ
二一〇人
阿波国海部郡夏伐
北海道北見市・札幌市

荷川取
ニカワトリ
ニカドリ
六九〇人
沖縄県の地名由来
沖縄県宮古島市

荷田
ハスダ
ニタ
一九〇人
雄略天皇の裔、古代姓にあり
埼玉県川越市、青森県八戸市

荷見
ハスミ
四一〇人
茨城県常陸太田市黒川町が本拠
茨城県常陸太田市、栃木県芳賀郡・宇都宮市

根来
ネゴロ
ネギ
五六六〇人
紀伊国那賀郡根来
大阪府岸和田市・泉南郡、和歌山県和歌山市周辺

根路銘
ネロメ
ネジメ
七五〇人
沖縄県の地名由来
沖縄県那覇市・沖縄市

能野
ノウノ
ヨキノ
ヨシノ
四四〇人
山口県岩国市能島・野島が発祥
山口県防府市・山口市

能木
アタギ
ノウギ
一四〇人
安宅と通ず
和歌山県紀の川市・岩出市

能星
ノウジョウ
ノセ
一四〇人
武田家からの下賜姓
千葉県君津市・袖ケ浦市

除村
ヨケムラ
二七〇人
群馬県伊勢崎市除ケ村
群馬・埼玉・東京・神奈川等関東地方に

莅戸

ノゾキド

二六〇人

越後国頸城郡莅戸

新潟県上越市、山形県米沢市

秦泉寺

ジンセンジ

七六〇人

土佐国土佐郡秦泉寺

高知県高知市、愛媛県四国中央市

華井

ハナイ

二二〇人

美濃発祥、花井に通ず

岐阜県岐阜市

華岡

ハナオカ

一九〇人

各地の花岡発祥

徳島県三好市、徳島県、愛媛県四国中央市

華房

ハナフサ

一四〇人

常陸国久慈郡花房の花房に通ず？

岡山県久米郡、神奈川県

華山

ハナヤマ
カヤマ

三九〇人

各地の地名・花山に通ず

大阪府、福岡県北九州市

祓川

ハライカワ

五三〇人

古代の官人・秦氏の裔

福島県白川市、東京、神奈川

斑目

マダラメ

二一〇人

仙台藩士に存す、橘氏族

福島県福島市・白川市・いわき市

倭

ヤマト

六四〇人

古代姓・倭国造等の裔

三重県熊野市周辺、大阪市阿倍野区

倭文

シトリ
ヒトミ

三七〇人

古代の職業部名

栃木県鹿沼市・塩谷郡

特手
コッテ
一二〇人
薩摩国発祥、門割り制度の特手門由来
鹿児島県出水市野田町

馬服
マバラ
一二〇人
豊後発祥、馬原に通ず
宮崎県延岡市

唐牛
カロウジ
カラウシ
一〇三〇人
陸奥国津軽郡唐牛
青森県南津軽郡藤崎町・青森市

連
ムラジ
ツラ
六〇〇人
古代姓の一つ
滋賀県大津市、大阪市住吉区

桑折
コオリ
クワオリ
一二九〇
岩代国伊達郡桑折
福島県南相馬市鹿島区

麻植
オエ
アサウエ
八七〇人
阿波国麻植郡
徳島県徳島市・吉野川市

麻績
オミ
一二〇人
古代姓・麻績連等の裔
新潟県中魚沼郡

逸崎
イッサキ
二五〇人
大和発祥
奈良県橿原市

逸見
ヘンミ
イツミ
九〇九〇人
甲斐国巨摩郡逸見
埼玉県秩父市・児玉郡、岡山県新見市、山形市

猪熊
イノクマ
イクマ
三五六〇人
桓武平氏流と言う
香川県坂出市・高松市、群馬県前橋市・渋川市

祷

イノリ

三二〇人

薩摩発祥

鹿児島県奄美大島、大阪府

菓

コノミ
クルミ

七〇人

肥後発祥、許斐の異形

熊本県玉名郡和水町

袈裟丸

ケサマル

四七〇人

福岡県築上郡筑上町袈裟丸

佐賀県唐津市、福岡県福岡市

梯

カケハシ

二五〇〇人

福岡県八女郡広川町梯

福岡県、徳島県吉野川市、宮崎県小林市・都城市

椛

カバ
カンバ

一八〇人

熊本県山鹿市が本拠、樺に通ず

福岡県八女市・柳川市

椛沢

カバサワ

二四八〇人

陸奥国三戸郡樺沢、樺沢に通ず

新潟県長岡市、群馬県前橋市、青森県三戸郡

椛島

カバシマ

三七三〇人

肥前国樺島

福岡県柳川市周辺

椛本

カバモト

三九〇人

青森県三戸郡田子町椛山発祥

青森県八戸市

椛山

カバヤマ

八三〇人

宮崎県北諸郡三股町樺山

鹿児島県大口市・阿久根市

黄海

キウミ
オウミ

二九〇人

陸奥国磐井郡黄海

宮城県栗原市

黄檗
キワダ

一八〇人

熊本県球磨郡球磨村黄檗

熊本県球磨郡、鹿児島県、福岡県

黄木
オオキ

一〇四〇人

羽前発祥、米沢藩に存す

山形県天童市、愛知県豊川市

強口
コワグチ

二〇〇人

磐城国発祥

福島県いわき市

強瀬
コワセ
ツヨセ

四五〇人

甲斐国都留郡強瀬

埼玉県深谷市・熊谷市周辺

強矢
スネヤ
ゴウヤ
キョウヤ

九五〇人

武蔵国秩父郡強矢

埼玉県秩父地方

梼木

ユスキ
ウツギ

一二〇人

柞木《ゆすのき》に通ず

長崎県五島市

梼山

ユスヤマ

一四〇人

伊予発祥？

愛媛県松山市

葛篭

ツヅラ

一五〇人

阿波国美馬郡葛篭

徳島県美馬郡

黒鵜

クロウ

一〇〇人

栃木県大田原市黒羽、黒羽の変化

栃木県大田原市、千葉県

黒葛

ツヅラ

一七〇人

薩摩国黒葛野

鹿児島県日置市・鹿児島市

黒葛野

ツヅラノ

一〇〇人

薩摩国伊集院郡黒葛野

鹿児島県始良郡

黒葛原

ツヅラハラ

六九〇人

薩摩国黒葛原

宮崎県都城市・宮崎市、鹿児島県

魚返

オカエリ
ウガエリ

三八〇人

豊後国玖珠郡魚返

大分県玖珠郡

産形

ウブカタ

一二〇人

陸前国気仙沼郡産形

神奈川県逗子市周辺

産屋敷

ウブヤシキ
ウムヤシキ

一九〇人

三重県南牟婁郡紀宝町産屋敷

三重県南牟婁郡

産賀
ウブカ
一五〇人
岡山県苫田郡鏡野町が本拠
岡山県苫田郡

雫石
シズクイシ
一五〇〇人
陸奥国岩手郡雫石
宮城県東松島市・石巻市、岩手県盛岡市、青森県

執行
シギョウ
シュギョウ
シッコウ
三四三〇人
寺社の職名由来
福岡県久留米市、佐賀県鳥栖市周辺

悉知
シッチ
二〇〇人
茨城県水戸市飯島町悉地が由来
茨城県水戸市・笠間市・那珂郡

釖
ツルギ
ハガネ
一二〇人
職業姓？
熊本県熊本市・菊池市、兵庫県、新潟県

菱沢
シボサワ
九〇人
武蔵発祥、磐城等にも
埼玉県行田市・熊谷市

斜木
ナナメギ
二九〇人
大隅国国分郡、韓国大明神社家
鹿児島県霧島市・鹿児島市

菖蒲
アヤメ
ショウブ
二五六〇人
相模国足柄郡菖蒲
山形県寒河江市を始め全国に広く分布

菖蒲谷
ショウブタニ
三一〇人
鹿児島市皆与志町菖蒲谷
鹿児島県鹿児島市

巣籠
スゴモリ
八〇人
相模発祥？
神奈川県茅ケ崎市周辺

陶
スエ
六〇〇人
周防国吉敷郡陶
北海道苫小牧市、大阪府、福島は双葉郡・南相馬市

救仁郷
クニゴウ
三三〇人
日向国諸県郡救仁郷
鹿児島県志布志市・鹿児島市

進来
スズキ
一四〇人
鈴木に通ず
大分県臼杵市周辺

済陽
ワタヨウ
一二〇人
中国の済陽発祥
宮崎県都城市

設楽
シダラ
セツラク
一〇八〇〇人
三河国設楽郡
群馬県前橋市・高崎市、埼玉県秩父地方、山形県

設永
ノブナガ
九〇人
豊前国京都郡延永、延永に通ず
埼玉県蓮田市

曽良
ソラ
カツラ
二七〇人
石川県・岐阜県に地名あり
石川県鳳珠郡、広島県江田島市、徳島県徳島市

掃部
カモン
八一〇人
古代姓・掃部宿禰等の裔
兵庫県朝来市、大阪府枚方市、福井県鯖江市

掃本
ホキモト
ホウキモト
一二〇人
熊本県宇土市伊無町掃本
熊本県宇土市

淋
ソソギ
四五〇人
熊本県球磨郡淋発祥
熊本県球磨郡・人吉市

率川

イサカワ

三〇人

大和添上郡率川

神奈川県、東京都等に散見

常陰

ツネカゲ

二四〇人

播磨発祥

兵庫県姫路市

常田

ツネダ
トキタ

四七六〇人

信濃国小県郡常田

長野県長野市・松本市・飯山市周辺

常世

トコヨ

一八〇人

陸奥国耶麻郡常世

栃木県那須塩原市、秋田県大仙市

転法輪

テンポウリン

八〇人

藤原・三条家の別名

神奈川県鎌倉市、福井県越前市

帷子

カタビラ

七〇〇人

陸奥国岩手郡帷子

岩手県岩手郡・盛岡市

椰木

ナギ

五三〇人

薩摩発祥

鹿児島県南薩摩市・枕崎市

椰野

ナギノ

七五〇人

愛知県知多郡阿久比町椰野

愛知県知多郡・西尾市・半田市

野老

トコロ

六一〇人

山芋科のつる草をいう

千葉県山武郡・東金市周辺

野老山

トコロヤマ

一九〇人

土佐国高岡郡野老山

高知県高知市

部田

トリタ
ヘタ

六四〇人

肥後国山本郡鳥田、鳥田に通ず

北海道帯広市、島根県仁多郡、岐阜県岐阜市

笛吹

ウスイ

五九〇人

河内発祥、古代姓・笛吹連等の裔

福井県南条市・南越前市

深水

フカミズ
フカミ
シンスイ

三八七〇人

豊前国下毛郡深水

熊本県球磨郡・人吉市・熊本市周辺

深山

ミヤマ
フカヤマ

八三八〇人

下総、甲斐、武蔵等に存す

千葉県茂原市・我孫子市周辺

蛇草

ハグサ

一〇〇人

河内国渋川郡蛇草、後に葉草に

大阪市平野区

襞岩

ホロイワ

六二〇人

岩手県宮古市襞岩

岩手県下閉伊郡・宮古市・盛岡市

襞川

ヤンカワ
イヤガワ

一三〇人

鹿児島県出水市の門割り制度由来

鹿児島県出水市

襞田

ホロタ

一六〇人

岩手県宮古市襞地由来

北海道岩見沢市、岩手県宮古市

襞主

ホロヌシ

二一〇人

青森県九戸郡軽米町襞主

岩手県九戸郡軽米町、青森県八戸市

都木

タカギ
トキ

五七〇人

上野国発祥？　高木の変化

群馬県前橋市

都合

トゴウ

二七〇人

愛媛県大洲市新谷町都合

福岡県朝倉市

都竹

ツヅク
ツタケ

二一〇〇人

都筑の変形、本姓は都

岐阜県高山市・下呂市萩原町

都谷

ツタニ
オガイ
トセ

二七〇人

愛媛県西条市小松町都谷

愛媛県丸亀市

許斐

コノミ

一二四〇人

筑前国許斐山由来

福岡県福岡市・飯塚市、東京都、熊本県

雪

ユキ
ススキ

三六〇人

古代姓・雪連等の裔

福島県喜多方市、新潟県阿賀野市

陸田

リクタ
ムツダ
クガタ

七五〇人

尾張国中島郡陸田

埼玉県鴻巣市・氷見市、富山県、東京都

陸井

クガイ

一九〇人

兵庫県揖保郡太子町が本拠

兵庫県揖保郡、愛知県

陸浦

ムツウラ

二〇〇人

三河発祥？

愛知県江南市・名古屋市

淮田

ワイダ

一〇〇人

奈良市和井田由来

兵庫県加古川市・相生市

梁

ヤナ

一二〇〇人

下野国河内郡梁、中・韓からの渡来姓

東京、横浜、大阪、神戸の都会部に

望木

モギ
モウギ

二八〇人

福島県郡山市舞木町、舞木に通ず

神奈川県厚木市、福島県福島市、北海道

菰田

コモダ
コマダ

三三八〇人

筑前国穂波郡薦田

愛知県田原市・豊橋市、千葉県いすみ市、愛媛県

間明田

マミョウダ
マミオダ
マメタ

二二〇人

下野国那須郡豆田

群馬県邑久郡・館林市、栃木県下都賀郡、東京都

間宵

マヨイ

一一〇人

下野発祥

栃木県芳賀郡茂木町

遊亀

ユウキ

一五〇人

福井県越前市の僧侶の新姓

福井県越前市、徳島県、福岡県

遊部
アソベ
ユウベ
一四〇人
大和国高市郡遊部、越中にも
東京都八王子市、北海道、京都府

遊馬
アソマ
アスマ
ユウマ
八四〇人
武蔵国安達郡遊馬
埼玉県さいたま市

集貝
タメガイ
シュウガイ
一九〇人
武蔵発祥？　為我井に通ず
埼玉県幸手市

粟飯原
アイハラ
アワイハラ
三〇〇〇人
相模国高座郡粟飯原
徳島県阿南市・徳島市、千葉県佐倉市、神奈川県

粟冠
サッカ
八〇人
甲斐発祥、属・目等にも通ず
山梨県南巨摩郡身延町、静岡県

湶
アワラ
イズミ
一六〇人
越中発祥、低湿地の意
富山県高岡市・射水市

筏
イカダ
七〇〇人
但馬国養父郡筏
兵庫県明石市・神戸市、大阪府吹田市

筏井
イカダイ
五五〇人
源頼政の裔と言う
富山県高岡市

筏津
イカダツ
二五〇人
美作国吉野郡筏津
鳥取県倉吉市

閏間
ウルマ
五〇〇人
美濃国不破郡宇留間、宇留間に通ず
新潟県上越市、長野県岡谷市

遅塚

チヅカ
オソヅカ

二〇〇人

常陸発祥

茨城県水戸市、千葉県

温水

ヌクミズ
ヌクミ

一一四〇人

相模国愛甲郡温水

宮崎県都城市・小林市

御調

オシラベ
ミツギ

一五〇人

備後国御調郡

神奈川県横浜市、広島県

御守

オンモリ

二八〇人

相模発祥、源頼朝からの下賜姓

神奈川県足柄下郡真鶴町

御厨

ミクリヤ

二五八〇人

各地の御厨（神社の倉庫）由来

佐賀県佐賀市、長崎県長崎市・大村市

御子柴

ミコシバ

二二八〇人

信濃国伊那郡御子柴

長野県伊那市・岡谷市・塩尻市・松本市

御簾納

ミスノ

ミスノウ

二六〇人

上総発祥

千葉県君津市・市原市

御菩薩池

ミゾロゲ

九〇人

山城国愛宕郡御菩薩池

埼玉県川越市

御法川

ミノリカワ

三二〇人

新潟県東蒲原郡実川由来

東京都板橋区、神奈川県鎌倉市、北海道

御代田

ミヨタ

六七〇人

岩代国安積郡御代田

福島県郡山市周辺

硴塚
カキツカ

一四〇人

肥後発祥、垣塚に通ず

熊本県八代市・熊本市周辺、福岡県

勝賀瀬
ショウガセ
カツガセ

四八〇人

土佐国吾川郡勝賀瀬

高知県吾川郡・高知市

勝然
カツシカ

九〇人

葛飾に通ず

宮城県石巻市

勝瑞
ショウズイ
カツズイ

一九〇人

阿波発祥

徳島県三好市、大阪府泉大津市

粥川
カユカワ

二四五〇人

美濃国郡上郡粥川

岐阜県中津川市・関市、愛知県春日井市

寒河江
サガエ
五六三〇人
羽前国村山市寒河江
山形県山形市・東置賜郡・鶴岡市・三沢市等

寒水
カンスイ
ソウズ
一六〇人
薩摩藩の門割り制度の寒水門由来
鹿児島県鹿屋市

閑
シズカ
ノドカ
カン
一九〇人
群馬県前橋市長磯町が本拠
広島県呉市、愛媛県今治市、群馬県前橋市

喜舎場
キシャバ
八六〇人
沖縄県の地名由来
沖縄県那覇市・石垣市・中頭郡

喜屋武
キャン
キャブ
キヤタケ
四五三〇
沖縄県の地名由来
沖縄県那覇市・石垣市・浦添市

貴家

サスガ
キカ
キヤ

三六〇人

甲斐発祥、流石と同祖

山梨県南都留郡富士河口湖町

給田

タベタ
キュウダ

一三〇人

丹後発祥

京都府京丹後市

椚

クヌギ

六八〇人

甲斐国巨摩郡大椚

山梨県笛吹市・甲府市、東京都あきる野市周辺

椚田

クヌギダ

二四〇人

武蔵国多摩郡椚田

兵庫県淡路地方

椚原

クヌギハラ

二〇〇人

美濃国不破郡の名族、椦原に通ず

長野県長野市、山梨県都留市、奈良県大和高田市

隈部

クマベ
スミベ

二七五〇人

肥後国隈部、肥後の豪族

熊本県山鹿市・菊池市、長崎県島原地方

雲丹亀

ウニガメ

三四〇人

播磨発祥？

兵庫県姫路市

雲母

キララ

七〇人

吉良と通ず

静岡県菊川市、北海道函館市

雲林院

ウジイ
ウンリンイン

三四〇人

安芸国雲林院

滋賀県甲賀市

雲類鷲

ウルワシ

一四〇人

常陸国那珂郡発祥

茨城県ひたちなか市

雲雀
ヒバリ
二七〇人
秋田県大仙市発祥、下賜姓
秋田県仙北市

越生
コシオ
コシブ
一三〇人
武蔵国入間郡越生
兵庫県淡路地方

越湖
コシコ
エッコ
エチゴ
五二〇人
越後に通ず
北海道旭川市

越善
エチゼン
四一〇人
越前に通ず
青森県越前市、北海道

渾川
ニゴリカワ
一〇〇人
越後国頸城郡濁川、濁川と同祖
新潟県妙高市・上越市

提

サゲ
ツツミ

五二〇人

鹿児島県熊毛郡提発祥

鹿児島県熊毛郡屋久島、神奈川県、兵庫県

提箸

サゲハシ

七五〇人

下野国河内郡下橋、下橋に通ず

栃木県佐野市周辺

硲

ハザマ
サコ

二一一〇人

紀伊発祥、峪姓にも通ず

和歌山県和歌山市・橋本市等広く分布

硲石

サコイシ

一一〇人

紀伊発祥、峪姓にも通ず

和歌山県有田郡周辺

硲田

サコダ

九〇人

紀伊発祥、峪姓にも通ず

和歌山県有田郡周辺

斯波
シバ
スワ
シワ
一二六〇人
陸中国斯波郡
山形県山形市、東京都、大阪府

猩々
ショウジョウ
一三〇人
秋田県横手市・京都市に地名あり
北海道千歳市、鹿児島県大口市

過足
ヨギアシ
五一〇人
福島県田村郡過足
福島県郡山市・田村郡

税所
サイショ
ゼイショ
二六〇〇人
古代の官職名由来
鹿児島県鹿児島市・出水市、宮崎県都城市

筌口
ウケグチ
二五〇人
備前国宇佐郡筌口
大分県宇佐市

筌場
ウケバ
一二〇人
熊本県人吉市中神町筌場
熊本県人吉市・球磨郡周辺

善利
セリ
ゼンリ
二四〇人
近江国犬上郡善理
滋賀県彦根市

属
サッカ
サカン
四九〇人
古代の佐官職名
山口県周南市・防府市・山口市

尋木
タズノキ
ヒロキ
タズネキ
三一〇人
福岡県筑後市津島が本拠
福岡県筑後市

逵
ツジ
六六〇人
伊勢発祥、辻に通ず
三重県多気郡・志摩市

逵井
ツジイ
一〇〇人
伊勢発祥、辻井に通ず
三重県多気郡・志摩市

棗
ナツメ
五三〇人
越前国坂井郡棗
福井県福井市・越前市、広島県広島市

韮沢
ニラサワ
二六〇〇人
越後国韮沢
新潟県長岡市・三条市周辺

歯朶尾
シダオ
一〇〇人
阿波国歯朶尾
高知県室戸市、徳島県

補伽
ホトギ
ホカ
一七〇人
長崎県諫早市補伽発祥
長崎県長崎市・諫早市

鈎

マガリ

三三〇人

近江国栗太郡鈎

滋賀県栗東市・草津市、京都府

道祖土

サイド

四八〇人

那須の名族・那須宗資の裔

埼玉県比企郡周辺

道祖尾

サイノオ
サイノウ

二五〇人

伯耆発祥

鳥取県東伯郡

無津呂

ムツロ

五二〇人

肥前国小城郡無津呂

佐賀県佐賀市、福岡県前原市周辺

無量井

ムリョウイ

一二〇人

石川県金沢市無量寺発祥

大阪府、石川県金沢市

椋梨

ムクナシ

二〇〇人

安芸国豊田郡椋梨

山口県下関市

飯橋

ハンノエ
イイバシ

一二〇人

出雲発祥

島根県安来市

湯通堂

ユツドウ
ユズドウ

一五〇人

薩摩発祥

鹿児島県指宿市

嵓

イワオ
イワ

九〇人

山に穴が有る祠の意

京都府八幡市八幡

鈩

タタラ

二四〇人

石見発祥、鑪に通ず

島根県太田市・邑智郡、鹿児島県肝属郡

傘

カラカサ
カサ

八〇人

唐《から》から伝わったカサの意

熊本県熊本市、愛知県安西市、長野県

揖斐

イビ

四八〇人

美濃国大野郡揖斐

新潟県新潟市、岐阜県瑞浪市、愛知県

愛宕

アタゴ
オタギ

六二〇人

公家の姓

富山県射水市・魚津市、福井県、兵庫県淡路地方

碇子

イカリコ

一四〇人

五十嵐の改姓

秋田県秋田市・横手市、熊本県天草地方

粳田

ウルチダ

二五〇人

駿河発祥

静岡県焼津市

雅楽川
ウタガワ
一七〇人
平安期の清雅楽丞貞則の後裔が称した
福島県耶麻郡西会津町、東京都

筧
カケイ
カケヒ
二八〇〇人
懸樋に通ず、伊勢の藤原氏族と言う
愛知県一宮市・名古屋市、兵庫県明石市・加西市

筧田
カケヒダ
トイタ
四九〇
武蔵国荏原郡の名族・戸井田に通ず
茨城県稲敷郡・坂東市、埼玉県春日部市

数井
カズイ
一一八〇人
上野国新田郡一井、一井に通ず
富山市、京都府亀岡市、山口県周南市・岩国市

数田
カズタ
七二〇人
数々の新田開発の恩賞姓
大阪府堺市、北海道、兵庫県

数藤
スドウ
スウドウ
九九〇人
須藤の異形
徳島県阿南市、新潟県十日町市

椿佐古
カジサコ
八〇人
土佐国香美郡椿佐古
高知県香美市

椿山
カジヤマ
コウゾヤマ
二一〇人
常陸・安芸・日向等の梶山に通ず
鹿児島県いちき串木野市

椿原
カゴハラ
カゾハラ
コウゾハラ
三七〇人
因幡発祥
鳥取県鳥取市

猿喰
サルバン
サルバミ
八〇人
薩摩国の門割り制度・猿喰門由来
鹿児島県肝属郡南大隅町

猿子
マシコ
サルコ
六一〇人
美濃国土岐郡猿子
新潟県新発田市、北海道

椹木
サワラギ
四八〇人
山城国発祥、名家あり
京都府京都市

資延
スケノベ
スケノブ
シノベ
二四〇人
讃岐発祥
香川県三豊市

肆矢
ヨツヤ
二六〇人
尾張発祥、屋号由来
愛知県名古屋市

塩飽
イワク
シアク
二二〇〇人
讃岐国阿野郡塩飽島
岡山県井原市・笠岡市

塩冶

エンヤ

三二〇人

出雲国神門郡塩冶

島根県松江市

塩治

シオジ
エンジ

一六〇人

塩次に通ず

兵庫県朝来市

蒐場

ヌタバ
キバ

一四〇人

播磨発祥？
低湿地の意

兵庫県宍粟郡

稙田

ワサダ

五六〇人

豊後国大分郡稙田

大分県国東市・大分市

新家

シンケ
アライエ
シンヤ
ニイヤ

七三二〇人

古代姓・新家宿禰等

和歌山県和歌山市・田辺市、愛知県西尾市・岡崎市

新海

シンカイ
ニイノミ
ニイミ

七七三〇人

信濃発祥、彦根を新海と称す

愛知県知多地方、長野県南佐久郡・佐久市

新楽

ニイラ
シンラク

一二〇人

下野・新羅三郎の子孫という

栃木県佐野市

新阜

ニオカ
ニイオカ

二四〇人

陸奥国津軽郡新岡、新岡に通ず

兵庫県淡路地方

瑞木

ズイキ
ミズキ

一三〇人

上野国新田郡瑞木

大分県大分市

瑞慶覧

ズケラン

一六六〇人

沖縄県の地名由来

沖縄県那覇市

瑞原
ミズハラ

八〇人

常陸国行方郡水原、水原に通ず

大阪市周辺、神奈川県

煤孫
ススマゴ

二〇〇人

陸奥国和賀郡煤孫

岩手県花巻市、北海道

勢〆
セシメ

一一〇人

武蔵の名族、大竹氏の改姓

埼玉県川越市

勢理客
セリキャク
ジッチャク

三七〇人

沖縄県の地名由来

沖縄県南城市

暚
ナワテ

一一〇人

大和国高市郡縄手

奈良県奈良市・吉野郡、京都県相楽郡

詑摩

タクマ

七〇〇人

肥後国詑摩郡

大分県大分市、福岡県、佐賀県佐賀市

楪

ユズリハ
イズリハ

二三〇人

肥前国神崎郡杠山、杠と同祖

広島県広島市、福岡県、北海道

鉄穴

カンナ
テツアナ

三九〇人

伯耆国日野郡鉄穴内

広島県山県郡、山口県宇部市

歳桃

サイトウ

二三〇人

斎藤に通ず

北海道留萌市

頓宮

トミヤ
トングウ

九五〇人

近江国甲賀郡頓宮

岡山県備前市周辺

鳰

ニオ
ニュウ

二〇〇人

周防国吉敷郡仁保、仁保に通ず

石川県金沢市、滋賀県東近江市小倉町

鳰川

ニオカワ
ミオカワ
ニュウカワ

一八〇人

上総発祥

千葉県茂原市・千葉市

筥崎

ハコザキ

二五〇人

陸中国磐井郡箱崎、箱崎に通ず

福島県いわき市

蒔田

マキタ
マイタ

六一一〇人

武蔵国久良岐郡蒔田

静岡県焼津市・藤枝市、千葉県茂原市周辺

蒔苗

マカナエ
マキナエ

一八〇〇人

陸奥津軽郡蒔苗

青森県弘前市・青森市

豊饒

ブニョウ

一〇〇人

豊後国豊饒

鹿児島県鹿屋市周辺

鞆

トモ

四二〇人

備後国沼隈郡鞆

大阪市周辺、鹿児島県熊毛郡屋久島町

塘

トモ
ツツミ

一三〇〇人

薩摩国の門割り制度・塘門由来

鹿児島県南さつま市、佐賀県杵島郡白石町

綛田

カセダ

三一〇人

和歌山県有田市初島町が本拠

和歌山県有田市、奈良県天理市・葛城市

蒋野

コモノ

一七〇人

筑前国糟屋郡蒋野

福岡県飯塚市・田川市

與語

ヨゴ

一九〇人

近江国伊香郡余語

愛知県愛知郡長久手町

赫

テラシ

一四〇人

薩摩の名族・寺師に通ず

大阪市、兵庫県尼崎市、宮崎県日向市

漣

サザナミ

四五〇人

百済からの渡来姓

兵庫県淡路地方、滋賀県長浜市

蓬田

ヨモギダ

四四六〇人

磐城国白河郡蓬田、陸奥にも

福島県伊達市・福島市、栃木県宇都宮市周辺

塙

ハナワ
バン

一二七六〇人

常陸国信太郡塙

茨城県水戸市・鉾田市・土浦市等広く

稲員
イナカズ
五三〇人
筑後国御井郡稲員
福岡県八女郡・八女市周辺

隠地
オンヂ
二四〇人
奈良県・和歌山県等に地名あり
奈良県橿原市・吉野郡、広島県呉市、大阪府

餌取
エトリ
九二〇人
美濃発祥
北海道県帯広市・旭川市、岐阜県郡上市

箙
エビラ
一七〇人
新潟県糸魚川市の箙岳由来
新潟県胎内市、福島県、茨城県

箙瀬
エビラセ
ヤナセ
九〇人
肥後国葦北郡箙瀬
熊本県八代市・人吉市

槐

エンジ
サイカチ
エンジュ

五二〇人

岩代国耶麻郡西海枝、西海枝に通ず

茨城県鉾田市・生方市

槐島

ゲジマ

二八〇人

熊本県球磨市発祥の源島の異形

鹿児島県霧島市

樺

カンバ
カバ

二四〇人

熊本県荒尾市樺が本拠

福岡県北九州市、熊本県山鹿市

樺沢

カバサワ

三六三〇人

新潟県南魚沼市に樺沢城あり

群馬県勢多郡・前橋市、新潟県長岡市

樺山

カバヤマ

一四五〇人

日向国諸県郡樺山

鹿児島県鹿児島市周辺

榧

カヤ

一〇〇人

備前発祥？

岡山県玉野市

熊抱

クマダキ

三三〇人

築後の名族・熊懐に通ず

福岡県うきは市

熊取谷

クマトリヤ
ヒシヤ
ユシヤ
イスタニ

四三〇人

和泉国日根郡熊取

大阪府泉佐野市

熊耳

クマガミ
クマミミ

五九〇人

陸奥国田村郡熊耳

福島県郡山市

榑林

クレバヤシ

二〇七〇人

今川義元の家臣に存す、紅林の異形

静岡県牧之原市・菊川市周辺

榑松
クレマツ
一二〇人
静岡県浜松市呉松発祥、呉松の異形
静岡県菊川市・袋井市

颯佐
サッサ
八〇人
群馬県に地名あり
千葉県印旛郡本埜村

颯田
サッタ
一三〇人
三河発祥
愛知県幡豆郡周辺

雑賀
サイガ
サイカ
五一九〇人
紀伊国海部郡雑賀
和歌山県和歌山市

榛沢
ハンザワ
ハルサワ
七〇〇人
武蔵国榛沢郡
東京都三鷹市、千葉県南房総

榛葉

シンバ
シバ
ハシバ

四〇七〇人

遠江国榛原郡、榛原の変化

静岡県掛川市

蓼沼

タデヌマ

二四〇〇人

下野国河内郡蓼沼

栃木県足利市・佐野市、群馬県桐生市・太田市

爾見

シカミ

一七〇人

三河発祥？

愛知県豊田市

蜷川

ニナガワ
ミナガワ

二〇〇〇人

越中国新川郡蜷川、岩代にも

愛知県半田市、富山県富山市・滑川市

樋之口

テノクチ
ヒノクチ

六七〇人

伊予国新居郡樋之口

鹿児島県鹿児島市

撰

エラブ
エラミ

三〇〇人

備中国小田郡の名族

岡山県井原市、鹿児島県大島郡

漁

リョウ
スナドリ
アサリ

三五〇人

淡路発祥、漁師の職業由来

兵庫県淡路地方、富山県魚津市

槍崎

ウツギサキ

二〇〇人

常陸発祥？

茨城県笠間市・水戸市

網田

アミタ
オウダ

九一〇人

熊本県宇土市に地名あり

長崎県佐世保市周辺、熊本県熊本市周辺、山口県

銘苅

メカル
メカリ
メイカリ

一八二〇人

沖縄県の地名由来

沖縄県浦添市

櫂木
チシャキ
オテキ
オウテキ
一三八〇人
伊集院家の家臣にあり
福岡県糸島市・福岡市・前原市、鹿児島県

櫂沢
ブナザワ
三七〇人
越後発祥？
新潟県妙高市

瘧師
ギャクシ
三五〇人
越中発祥、瘧（熱病）を直す医者
北海道帯広市周辺

樟
クヌギ
クス
タブノキ
一九〇人
越前国丹生郡大樟浦
石川県輪島市周辺、北海道、兵庫県明石市

慶田盛
ケダモリ
二二〇人
沖縄県の地名由来
沖縄県石垣市

慶田城
ケダシロ

一六〇人

沖縄県の地名由来

沖縄県石垣市

権瓶
ゴンペイ
コンベ

三八〇人

越後発祥？　権平に通ず？

新潟県阿賀野市

駒走
コマバシリ

四五〇人

薩摩発祥？

鹿児島県鹿児島市

鴇田
トキタ

五二〇〇人

信濃国井上庄鴇田

千葉県君津市・木更津市、宮城県仙台市

標
シメギ

五二〇人

甲斐発祥、四目木の転化

山梨県笛吹市

標葉
シネハ
シバネ
八〇人
陸奥国標葉郡
福島県郡山市、北海道、東京都

審
アキラ
一二〇人
幕臣・明楽氏に通ず？
京都府福知山市

調所
ズショ
チョウショ
二二〇人
古代の調の徴収役職名
山形・鹿児島・宮崎・東京等広く分布

熨斗
ノシ
三九〇人
岩代に熨斗戸地名あり、古代の職業性
奈良県葛城市

撫養
ムヤ
七五〇人
阿波国板野郡撫養
徳島県阿南市・徳島市、和歌山県田辺市・西牟婁郡

樅木
モミキ
モミノキ
三八〇人
肥後国八代郡樅木
熊本県球磨郡・人吉市

箭内
ヤナイ
ヤウチ
四三〇〇人
磐城国白河郡箭内
福島県田村市・郡山市・須賀川市

緩詰
ユルヅメ
二八〇人
若狭発祥
福井県小浜市

緩利
ユルリ
一六〇人
近江発祥
滋賀県甲賀市

養父
ヨウフ
ヤブ
八二〇人
但馬国養父郡
福岡県朝倉市

輪違
ワチガイ
ワイ
二〇〇人
京都に置屋・輪違屋がある
兵庫県美方郡、福井県、千葉県

篁
タカムラ
六六〇人
古代姓・篁朝臣等の裔
東京・大阪・京都等広く分布

諫早
イサハヤ
九〇人
肥前国高来郡伊佐早
山口・広島・兵庫・大阪等西日本全域に広く

諫山
イサヤマ
イヤマ
二一七〇人
豊前国京都郡諫山、備後にも
福岡県朝倉市・北九州市、大分県日田市・中津市

薊
アザミ
三五〇人
武蔵国児玉郡入浅見
群馬県前橋市、埼玉県

薄

ウスキ
ススキ
ウスイ

三〇三〇人

武蔵国秩父郡薄

福島県会津地方

薄田

ウスダ
ススキダ

三八八〇人

美濃国各務郡弓削田《うすだ》の変化

新潟県新潟市、秋田県男鹿市周辺、北海道

頴娃

エイ

一〇〇人

薩摩国頴娃郡

鹿児島県薩摩川内市

頴川

エガワ
エイカワ

五七〇人

明からの帰化人の姓

鹿児島県薩摩川内市、長崎県長崎市、宮崎県

鴛淵

オシブチ

三一〇人

肥前国鴛淵

長崎県佐世保市・平戸市

薫田　クンダ

四五〇人

美濃発祥、名前の薫に田を付けた新姓

岐阜県各務原市

薫森　シゲモリ

一二〇人

平重盛の裔、重森・重盛に通ず

滋賀県東近江市、神奈川県、奈良県

篝　カガリ

二二〇人

備後国御調郡篝

広島県福山市

霍田　ツルタ

四六〇人

筑後・筑前等の鶴田に通ず

福岡県豊前市・北九州市、熊本県菊池市・熊本市

霍間　ツルマ

一二〇人

佐渡発祥？　鶴間に通ず？

新潟県佐渡市

樹神

コダマ
ジガミ

六三〇人

三河国碧海郡樹神

愛知県豊田市

興梠

コウロギ
コウロ
オキロ

六一〇〇人

高千穂地方の軒の上がった家

宮崎県西臼杵郡・延岡市、熊本県上益城郡・阿蘇郡

興野

キュウノ

八七〇人

下野国那須郡興野、久野・弓野にも通ず

茨城県茨城郡・常陸太田市周辺

穐田

アキタ

七三〇人

秋田に通ず、西日本では穐が多い

岡山県岡山市、広島県、山口県宇部市

穐本

アキモト

八〇〇人

秋本に通ず

山口県岩国市・宇部市、神奈川県横須賀市

穐山
アキヤマ
三一〇〇人
秋山に通ず
岡山県岡山市、鳥取県東伯郡、埼玉県深谷市

薦田
コモダ
三九八〇人
筑前国穂波郡薦田
愛媛県四国中央市・新居浜市

薦野
コモノ
一五〇〇人
筑前国糟屋郡薦野
福岡県飯塚市・田川市

膳所
ゼゼ
ゼショ
九〇人
近江国滋賀郡膳所
福岡県北九州市、大分県宇佐市、兵庫県豊岡市

膳
ゼン
カシワデ
四一〇〇人
古代豪族・孝元天皇の裔
群馬県伊勢崎市、愛媛県西条市

操野
クリノ
ソウノ
一二〇人
和泉国発祥？
大阪府貝塚市・大阪市

操
ミサオ
二六〇人
沖永良部島に旧家あり
宮城県栗原市、兵庫県姫路市

操田
クリタ
ソウダ
一一〇人
安芸発祥
広島県呉市

操谷
クリタニ
一二〇人
栗谷に通ず
香川県東かがわ市、大阪府、兵庫県、石川県

橘田
キッタ
タチバナダ
四四四〇人
甲斐に名族あり、奈良に地名があった橘氏一族
山梨県笛吹市・甲府市

燕昇司
エンジョウジ
ツバクロショウジ
一三〇人
越中発祥、庄司屋の屋号に燕を付けた
富山県富山市・砺波市

隣
トナリ
チカキ
二一〇人
地形姓、各地にあり
広島・山口・大阪等西日本全域に広く

錦古里
キンコリ
ニシキコリ
五七〇人
近江滋賀郡錦織、錦織と同祖
福井県福井市、千葉県香取市・鴨川市

縫
ヌイ
二〇〇人
宮崎県延岡市が本拠
宮崎県延岡市、長崎県諫早市、大阪府

儘田
ママタ
一〇一〇人
下野河都賀郡間々田
群馬県渋川市、埼玉県加須市・本庄市

簀河原
スガワラ
一六〇
豊後発祥、菅原に通ず
大分県佐伯市

薩日内
サッピナイ
一〇〇人
陸中国紫波郡薩日内
宮城県大崎市・黒川郡

鴻
ビシャゴ
オオトリ
一四〇人
鸛《こうのとり》伝説が由来
石川県輪島市・金沢市

磴
イシバシ
一五〇人
越後発祥、石橋の異形
新潟県新潟市・三条市

薬袋
ミナイ
一三一〇人
甲斐国巨摩郡薬袋
山梨県中央市・甲府市

簀戸
スド
二七〇人
豊後発祥
大分県佐伯市、広島県福山市、愛媛県今治市

環
タマキ
三四〇人
源氏族という
徳島県阿南市・徳島市、大阪府、北海道

螺良
ツブラ
五〇〇人
下野に名族あり
栃木県宇都宮市

臂
ヒジ
三五〇人
備後発祥、人の体のヒジから
広島県福山市・府中市、埼玉県

櫟
イチイ
イチキ
二四〇人
大和国添上郡櫟井
滋賀県甲賀市、大阪府、兵庫県

櫟本

イチモト
トチモト

一一〇人

大和国添上郡櫟本

奈良県磯城郡、熊本県熊本市

鵤

イカルガ

一九〇人

播磨国揖保郡鵤

福岡県田川郡、広島県尾道市

甕

モタイ

六七〇人

信濃佐久郡毛田井

長野県安曇野市・松本市

叢

クサムラ
ソウ

一一〇人

草叢《くさむら》の短縮

熊本県熊本市、神奈川県

櫃田

ヒツダ

三二〇人

備後国三次郡櫃田

鳥取県米子市・日野郡

櫃本
ヒツモト
キモト
三六〇人
不詳、櫃はフタのある大きな木箱
岡山県倉敷市、香川県坂出市、大阪府

贄
ニエ
五九〇人
三河発祥、幕臣に存す、長野県発祥の執見川の異形
愛知県豊川市・豊橋市

藺牟田
イムタ
六六〇人
薩摩国伊佐郡藺牟田
鹿児島県鹿児島市・南さつま市・鹿屋市

鏑木
カブラギ
四五六〇人
下総国匝瑳郡鏑木
群馬県みどり市・桐生市、千葉県流山市・柏市

鏑流馬
ヤブサメ
一六〇人
薩摩発祥
鹿児島県いちき串木野市

霧生
キリウ
キリュウ
五〇〇人
伊賀国伊賀郡霧生
神奈川県相模原市

蹴揚
ケアゲ
二九〇人
陸奥発祥
北海道日高市、青森県三戸郡

蘇木
ソノギ
一四〇人
長崎県彼杵（ソノギ）発祥の彼杵の異形
福岡県朝倉郡

蘇原
ソハラ
二六〇人
伊勢国一志郡蘇原
栃木県佐野市・足利市、埼玉県

蘇武
ソブ
九四〇人
陸前発祥？　唐の帰化人の姓
宮城県栗原市、北海道札幌市

鶏冠井

カイデ

七〇人

山城国乙訓郡鶏冠井

愛知県、京都市等

鯰江

ナマズエ

四一〇人

近江国愛智郡鯰江

滋賀県東近江市、大阪府

蘭

アララギ
ラン

一二〇〇人

和歌山県有田郡蘭

佐賀県佐賀市久保田町、福岡県

鐙

アブミ

七四〇人

羽後発祥

秋田県潟上市

鐙屋

アブミヤ

八〇人

出羽発祥、屋号由来

秋田県秋田市

鰕沢

エビサワ

一七〇人

岩代発祥、海老沢・蛇沢に通ず

福島県郡山市

鐘撞

カネツキ
カネツク

一〇〇人

出雲発祥？　金築・鐘築に通ず

島根県雲南市

懸田

カケタ

三七〇人

陸奥国伊達郡懸田

岩手県奥州市

響尾

オトオ

九〇人

美作発祥

岡山県美作市

鐏

モタイ

四〇〇人

信濃国佐久郡茂田井、茂田井の変形

新潟県柏崎市、東京

纐纈
コウケツ
ハナフサ
五〇〇〇人
美濃国可児郡久々利、纐纈染由来
岐阜県中津川市・加茂郡

麝嶋
ジャジマ
一〇〇人
丹波発祥、麝はジャコウ鹿の意
京都府綾部市

饒波
ノハ
ノナミ
ヌハ
六一〇人
沖縄県の地名由来
沖縄県那覇市

饒平名
ヨヘナ
ノヒナ
一四一〇人
沖縄県の地名由来
沖縄県那覇市・浦添市・宮古島

饒辺
ヨヘン
ノベ
一六〇人
沖縄県の地名由来
沖縄県うるま市・沖縄市周辺

饒村

ニョウムラ

二二〇人

越後発祥、饒は豊かな意

新潟県妙高市

鐸木

スズキ
タクキ

一四〇人

三河発祥、鈴木の変化

愛知県豊川市

鶸田

ヒワダ

一二〇人

三河発祥、鶸は鶏の一種

愛知県豊川市

罍

モタイ

五六〇人

信濃国佐久郡茂田井、茂田井の変形

新潟県柏崎市

饕田

オソダ

九〇人

下野国発祥

栃木県鹿沼市、茨城県、東京都

轡田
クツワダ
一四三〇人
越中国婦負郡轡田
新潟県新潟市・五泉市、富山県富山市

讃井
サヌイ
サナイ
七六〇人
山口市中讃井発祥
福岡県福岡市周辺

讃良
サガラ
サワラ
九〇人
河内国讃良郡
北海道札幌市、鹿児島県大島郡

躑躅森
ツツジモリ
八〇人
陸中発祥、家の周囲にツツジが咲いていたから
岩手県岩手郡雫石町

鷲見
スミ
ワシミ
一二四九〇人
美濃国郡上郡鷲見
岐阜県郡上市・岐阜市、愛知県一宮市・名古屋市

鷹觜
タカノハシ
タカハシ
一六四〇人
高橋の変化
岩手県紫波郡・盛岡市、栃木県日光市、北海道

鷹架
タカホコ
二五〇人
陸奥国北郡鷹架沼
青森県三条市・むつ市

鑪
タタラ
二四〇人
淡路国鑪、多々良等にも通ず
熊本県熊本市

籬
マガキ
一六〇人
福島県石川市曲木、曲木の変化
北海道に広く分布

鱸
スズキ
一〇〇〇人
鈴木に通ず
愛知県豊田市・名古屋市、大阪市

参考にした資料

新漢語林		大修館書店
姓氏家系大辞典	大田　亮	角川書店
難読稀少名字大辞典	森岡　浩	東京堂出版
日本地名語源辞典	吉田茂樹	新人物往来社
日本地名事典	谷岡武雄	三省堂
日本の苗字	歴史読本編集部	新人物往来社
日本名字家系大辞典	森岡　浩	東京堂出版
苗字辞典	新藤正則	湘南社
写録宝夢巣	ウェブサイト	日本ソフト販売
日本の苗字7000傑	ウェブサイト	
日本の苗字の読み方辞典	ウェブサイト	

著者略歴

新藤 正則（しんどう まさのり）
1941 年（昭和 16 年） 生まれ
出身地：奈良県大和郡山市
1965 年（昭和 40 年）神戸大学理学部化学科を卒業後、化学会社に入社。
2009 年（平成 21 年）退職。現在、神奈川県藤沢市に在住。

歴史には関心が有り、妻と共に旧東海道・甲州街道を踏破。家々の表札の苗字にも関心を持って歩いていた。趣味として集めていた資料を基に 2011 年に『苗字辞典』（湘南社）を刊行。

以来、藤沢市生涯学習人材バンクの講師として、「苗字について」と「分かり易い江戸時代」をテーマに講演を行っている。

『難読苗字辞典』

発　行　　2017年9月5日　第一版発行
著　者　　新藤正則
発行者　　田中康俊
発行所　　株式会社 湘南社　http://shonansya.com
　　　　　神奈川県藤沢市片瀬海岸 3-24-10-108
　　　　　TEL 0466-26-0068
発売所　　株式会社　星雲社
　　　　　東京都文京区水道 1-3-30
　　　　　TEL 03-3868-3275
印刷所　　モリモト印刷株式会社

ISBN978-4-434-23630-3　C0039